Axel Freudenberger

Mikroökonomik – frisch gezapft!

Axel Freudenberger

Mikroökonomik – frisch gezapft!

Knappe Ressourcen am Kneipentisch

GABLER

Bibliografische Information der Deutschen Nationalbibliothek
Die Deutsche Nationalbibliothek verzeichnet diese Publikation in der
Deutschen Nationalbibliografie; detaillierte bibliografische Daten sind im Internet über
<http://dnb.d-nb.de> abrufbar.

Prof. Dr. Axel Freudenberger ist Professor für VWL an der FH Mainz. Er war vorher Journalist und
arbeitete in der volkswirtschaftlichen Abteilung einer größeren Bank.

1. Auflage 2009

Alle Rechte vorbehalten
© Gabler | GWV Fachverlage GmbH, Wiesbaden 2009

Lektorat: Stefanie Brich

Gabler ist Teil der Fachverlagsgruppe Springer Science+Business Media.
www.gabler.de

Umschlaggestaltung: Ulrike Weigel, www.CorporateDesignGroup.de
Coverfoto: iStockphoto
Druck und buchbinderische Verarbeitung: Krips b.v., Meppel
Gedruckt auf säurefreiem und chlorfrei gebleichtem Papier
Printed in the Netherlands

ISBN 978-3-8349-1247-3

Für Vadim William,

der die beneidenswerte Fertigkeit besitzt, auf Kneipenbänken sanft zu schlummern
– und das bereits im Alter von zwei Monaten!

Vorwort

Das vorliegende Buch diskutiert auf einem elementaren Niveau neben den wichtigsten Konzepten der Mikroökonomik auch einige weiterführende Themen aus der Ökonomik des öffentlichen Sektors (Abende zwölf bis 14). Es kann damit als Basis-Kurs der Mikroökonomik genutzt werden. Es kann aber genau so gut als amüsante und hilfreiche Ergänzungslektüre für eine weiter reichende, stärker technische Vorlesung an einer Hochschule dienen – die behandelten Themen gehören alle zum Standard in guten, bewährten und bekannten Lehrwerken der Ökonomik.

Mein Ziel ist es, die Leserin und den Leser an grundlegende ökonomische Denkweisen heranzuführen, die Intuition hinter diesem speziellen, analytischen Blickwinkel aufzuzeigen und die Relevanz für Alltag wie Politik klar zu machen. Den Zugang habe ich dabei möglichst barrierefrei gehalten. Insbesondere verzichte ich auf Formeln, die nach meiner Lehrerfahrung bei *Einführungen* in die Materie weitgehend entbehrlich sind.

Natürlich *wäre* es gerade in der Mikroökonomik äußerst hilfreich, wenn man Kenntnisse der Differentialrechnung voraussetzen *könnte* – bedauerlicherweise *kann* man das aber häufig nicht! (Ich habe das wiederholt getestet.) Zum Glück ist es aber möglich, Marginalanalyse ohne Ableitungen und Maximierungsalgorithmen zu betreiben. Einfache und übersichtliche Zahlenbeispiele erfüllen hier durchaus ihren Zweck. Die für die ökonomische Denkweise typische Grenzbetrachtung wird daher anhand dieser Zahlenbeispiele und ohne Differentialquotienten demonstriert. Und wenn eine Intuition von der Vorgehensweise gewonnen ist, ist es vielleicht einfacher, sich die entsprechenden weiter führenden Methoden anzueignen.

Auch in Bezug auf andere didaktische Merkmale weicht das Buch etwas vom üblichen Angebot ab: Ins Auge springt natürlich in erster Linie, dass es als Dialog zweier junger Leute in einer Kneipe konzipiert ist. Dabei werden Beispiele aus dem unmittelbaren Erfahrungshorizont der Kneipe verwendet: der Bierkonsum, die Bierherstellung, der Konsum von Rauchwaren, die Jukebox, Kneipenspiele, die für den Kneipenbesuch verwendeten Verkehrsmittel,... Die Mikro-Ökonomie der Kneipe dient damit als Hintergrund für die Betrachtung der Mikroökonomik.

Der Jargon mag nicht immer demjenigen entsprechen, den man in einem Lehrbuch erwartet. Ich hoffe, er ist dennoch präzise. Termini technici fehlen allerdings nicht, selbst wenn manche in die Fußnoten verbannt wurden. Auch manche Illustrationen mögen ungewöhnlich erscheinen. Auch hier hoffe ich, dass sie ihren Zweck erfüllen und Einsichten vermitteln.

Meine Erfahrungen in der Lehre zeigen, dass Menschen vom Vorurteil, bei der Ökonomik handele es sich um ein wenig relevantes, langweiliges Fach, sehr schnell abrücken, wenn sie verstehen, dass sie selbst ständig ökonomische Entscheidungen treffen. Der Alltag ist damit der ideale Anknüpfungspunkt für Erläuterungen ökonomischer Zusammenhänge. Ein weiteres Spezifikum dieses Buches ist daher, dass bereits am Beginn die Wohlfahrtsökonomik steht – jedenfalls soweit sie für die Nachfrage relevant ist. Diese wird ihrerseits vor dem Angebot besprochen. Die integrierte Behandlung von Nachfrage und Wohlfahrtsökonomik erlaubt in meinen Augen einen wesentlich natürlicheren Zugang zu beidem. Die Positionierung der Nachfrage vor dem Angebot erlaubt es, an die Rolle des Konsumenten anknüpfend medias in res zu gehen.

Mein Dank geht an Ludmila, die mich während der Entstehung des Buches immer wieder ermuntert hat weiterzumachen, mir viele Tipps zu den Entwürfen der ersten Kapitel gab und am Ende in die Rolle des Meinhard schlüpfend zum Stift für die Illustrationen griff. Mein inzwischen im recht umtriebigen Ruhestand befindlicher Kollege Utz-Peter Reich hat sich für eine Woche an einem bayrischen See nicht etwa einen Roman mitgenommen, sondern den ersten Entwurf dieses Buches. Er hat das Kunststück fertiggebracht, sehr penibel und kritisch zu sein und mich dennoch zu ermutigen. Meine Kollegin Claudia Kurz hat knappe Zeitressourcen geopfert und mir nach der Lektüre des Manuskriptes wichtige Anregungen gegeben. Als idealer Testleser (da nicht vom Fach, aber dennoch interessiert) hat Michael Hampel, der nicht Volkswirtschaftslehre, sondern klassische Gitarre unterrichtet und sich ebenfalls gerne und bewusst didaktischen Herausforderungen stellt, das Manuskript gelesen und mir sehr wertvolle Hinweise gegeben. Aus studentischer Sicht bekam ich aufschlussreiches Feedback zum Text von Björn Wagner, Markus Hieronymi, Samad El Malki und Daniel Eigner. Alle diese Ratgeber entbinde ich selbstverständlich von der Verantwortung für Fehler, die der Text enthält – diese gehen ausschließlich auf mein Konto.

Ute Gräber-Seissinger hat mich auf ihre freundliche und verbindliche Art beraten und motiviert.

Wulf Thoma, als bekennender Oberfranke im U.S.-Bundesstaat Louisiana mit Minoritätenproblemen gut vertraut, war mein Consultant für das oberfränkische Idiom, das mir als Unterfranken fremd ist.

Mohamad Sharafi hat mir nicht nur auf Seminaren während unseres Studiums beim Pool-Billard-Spiel zu einem halbwegs würdevollen Niveau verholfen und mich in die persische Kochkunst eingeführt: Er hat auch als Geschäftsführer seines Druckerei-Unternehmens die Rechnungsblöcke gedruckt (und mir zum Geburtstag geschenkt), die für die zahlreichen Illustrationen dieses Buches verwendet wurden.

Arief Imanuwarta hat mir, während ich mit Überlegungen zu diesem Buch in seinem Frankfurter Rotlint-Cafe saß, unermüdlich Kaffee (nachmittags) bzw. Bier (abends) nachgeschenkt. Er hat keine eigene Brauerei – daher entstanden die ersten Entwürfe für die Rechnungsblock-Zeichnungen auf seinen Rechnungsblöcken, auf denen die Insignien einer großen Duisburger Brauerei prangen.

Ich danke Stefanie Brich vom Gabler Verlag für ihre freundliche und geduldige Unterstützung bei meiner Arbeit.

Geneviève danke ich für die Zeichnung eines Weinglases, das am 6. Abend eine Rolle spielt!

Im August 2008

Axel Tiedenbergs

Inhaltsverzeichnis

Inhaltsverzeichnis

Zum einfacheren Navigieren innerhalb der Kapitel/Abende mag die folgende Tabelle eine Hilfestellung geben:

Tableau zum leichteren Aufspüren der behandelten Themen aus der Mikroökonomik

Prolog

Prosit! ist lateinisch – soviel erstmal zur Pflege der alten Sprachen durch den Kneipenbesuch. Ins Deutsche übertragen bedeutet *Prost!* so viel wie „Es möge nützen!". Daran können Ökonomen, bei denen der *Nutzen*-Begriff die Theorie der Konsumentscheidung beherrscht, doch eigentlich nur ihre Freude haben. In diesem Buch ist wenig vom Nutzen, aber viel von der Kneipe die Rede. Statt *Nutzen* heißt es im Dialog unserer beiden Protagonisten Johanna und Meinhard, meist schlicht *Spaß* – gemeint ist jedoch dasselbe.

Johanna ist Studentin der Volkswirtschaftslehre im höheren Semester. Ihr Freund Meinhard hat das Studium der Betriebswirtschaftslehre gerade erst begonnen. Er hat sich hilfesuchend an sie gewendet, nachdem sie ihm einmal sagte, dass sich hinter viel Algebra und Analysis in der VWL ganz interessante Sachverhalte verbergen. Meinhard leidet nämlich unter einer leider sehr verbreiteten Formel-Phobie und fürchtet daher unnötige Zugangsbarrieren zu seinem Prüfungsfach.

Die beiden haben eine Verabredung: Sie treffen sich einmal in der Woche zu ein paar Bierchen in Johannas Lieblingskneipe, dem *Maximahl*, in dem der Wirt Friedemann sein aus eigener Brauerei stammendes Bier ausschenkt. Die Grafiken zur Erläuterung bestimmter Sachverhalte passen zwar nicht auf einen Bierdeckel, aber immer auf einen Rechnungsblock, den Friedemann großzügig bereit stellt. Die Zeche zahlt selbstverständlich Meinhard.

Meinhard zeigt Johanna übrigens im Gegenzug, wie sie eine eigene Website aufbaut und aktualisiert. Den Kaffee bei diesen Treffen stellt Johanna. Eine solche Form des Realtausches, bei dem es um das wechselseitige Unterrichten geht, nennt man Tandem. Dieses Buch beschreibt daher, wenn man so will, ein halbes Tandem, denn die Kaffeetreffen bei Johanna sind hier nicht protokolliert.

Ich wünsche den Lesern für die Lektüre:

Es möge Spaß machen!

Der 1. Abend: Eine falsche Wegskizze und Orakel-Nobbi am Piranha-Fluss

Das oberfränkische Idiom wird zu wissenschaftlichem Zweck eingesetzt

„Sorry, ich bin leider zu spät! Bitte nicht böse sein!" Meinhard kommt in den Schankraum gestürmt und setzt sich zu Johanna an den Tisch. Er ist etwas außer Atem, da er einiges auf seine Reputation als zuverlässiger Mensch hält und daher den Weg vom Parkplatz bis zur Kneipe, dem wegen seines ausgezeichneten Bieres über die Stadtgrenze hinweg bekannten *Maximahl*, zur Begrenzung des Schadens gerannt ist.

„Ich war noch nie hier und habe mir von meinem Bruder, der das *Maximahl* kennt, die Strecke aufzeichnen lassen. Hier ..." Er legt ein Blatt Papier auf den Tisch, auf das eine Wegskizze gekritzelt ist. „Er hat sich beim Abzählen der Straßen vorm letzten Abbiegen geirrt und ich habe mich deswegen verfahren, weil ich eine Straße zu spät abgebogen bin."

Johanna bleibt gelassen. Es waren schließlich auch nur knapp zehn Minuten. Sie lächelt Meinhard an: „Tja, mein Lieber, ein schlechtes Modell liegt da vor uns auf dem Tisch!"

Meinhard schaut sie etwas entgeistert an. Unter einem Modell hat er sich eigentlich etwas anderes vorgestellt. Stehen solche Dinger in der Form von Miniaturflugzeugen nicht in seinem Zimmer, im Maßstab eins zu 48 und von eins zu 32?

Johanna ist aber bereits dabei nachzulegen.

„Guck nicht so! Steht dir überhaupt nicht, dieser Blick! Ich kann mir schon denken, dass du bei einem Modell an etwas Anderes denkst als an eine Wegskizze. Aber die ist eigentlich ein sehr schönes Beispiel für ein Modell – viel besser als irgendwelche kleinen Autos, die du vermutlich dabei im Sinn hast."

Nachdem die beiden ihre Bestellung aufgegeben haben, fährt sie fort:

„Ein Modell ist kein Spielzeug, jedenfalls nicht nur[1], sondern im Gegenteil etwas sehr Nützliches. Du nimmst es und machst dir damit etwas Kompliziertes klar. Dafür ist ein Modell da, nicht nur zum Rumschieben auf dem Teppich und ‚Brummbrumm' sagen! Üblicherweise musst du dafür eine ganze Menge einfach weglassen – so werden komplexe und sehr unübersichtliche Sachverhalte übersichtlich und verstehbar. Dein Bruder hat aber bei seinem Modell für dich leider nicht genug weggelassen oder auch *abstrahiert*, befürchte ich!"

Sie klopft mit dem Zeigefinger auf die Skizze.

„Hier, dieser Strich ist zu viel! Aber ansonsten hat er doch sehr schön gezeichnet, der Herr Bruder, da habe ich schon üblere Schmierfinken am Werk gesehen!"

„Halt, warte mal: Wenn unser Prof von Modellen spricht, dann geht es nicht um Wegbeschreibungen, sondern um, zum Beispiel, wenn ich mich recht entsinne, ‚vollkommene Konkurrenz' mit identischen Gütern und unendlich vielen Anbietern – oder einen ähnlichen weltfremden Käse."

Johanna muss tief durchatmen. Hier liegt wahrhaft Brachland vor ihr.

„Vergiss erstmal die ökonomischen Modelle. Die sind nur spezielle Ausprägungen des allgemeinen Modellbegriffs, der viel weiter greift. Jeder macht eine ganze Menge Modelle, täglich[2], oft nur hier, in der Birne!"

Johanna tippt sich an die Stirn. Sie senkt die Stimme.

„Ich habe zum Beispiel ein Modell von unserem Kellner. Ich habe dazu das Standard-Modell vom Kellner etwas modifiziert. Das hier ist nämlich ein Kellner, der aus dem fernen Oberfranken kommt und noch nicht allzu lange hier ist. Er hat sich zwar redlich bemüht, das Oberfränkische aus seinem Akzent zu entfernen, aber wenn frau genau hinhört, dann hört sie es eben doch. Mit diesem modifizierten Kellner-Modell erkläre ich mir, dass du bei der Bestellung unserer lokalen Spezialität vorhin eine kleine Erläuterung nachreichen musstest. Und damit versuche ich, bei meiner nächsten Bestellung den Sympathie-Bonus bei Stammeszugehörigkeit einzuheimsen. Bei meinem Modell vom Kellner habe ich eine ganze Menge weggelassen. Die Haarfarbe ist bedeutungslos, die Größe, die Kleidung, die Gangart und so weiter. Brauche ich alles nicht, um die für mich interessanten Details des Kellners zu ergründen."

Johanna trinkt einen Schluck, um sich die Stimmbänder etwas zu ölen.

---

1 Der bekannte amerikanische Ökonom Paul Krugman meint hierzu: „Ernsthafte Ökonomik ohne Spieltrieb ist unmöglich. Ökonomische Theorie ist keine Ansammlung von Sätzen pompöser Autoritäten. Sie ist hauptsächlich eine Menagerie von Gedanken-Experimenten – Parabeln, wenn Ihnen das besser gefällt – die die Logik von ökonomischen Prozessen auf einfache Art abbilden sollen." (http://web.mit.edu/krugman/www/hotdog.html, 21. Juli 2008; Übersetzung des Autors aus dem Amerikanischen)

2 Zum Beispiel beim Augen-Öffnen. Denn das Bild in unserem Bewusstsein ist nicht ein Spiegelbild, sondern von unserem Gehirn konstruierte Realität. Ein Beweis dafür ist der sogenannte „blinde Fleck" im Gesichtsfeld.

„Und dein Bruder hat auch ein Modell gemacht. Er hat eine stark vereinfachte Version der Innenstadt für dich konstruiert, zum Zweck deiner Beförderung von Punkt A nach Punkt B. Ziemlich weltfremdes, unrealistisches Modell der Innenstadt, findest du nicht? Die Innenstadt ist dreidimensional, dein Modell hier ist nur zweidimensional. Der Maßstab stimmt hinten und vorne nicht, nicht mal die Relationen stimmen. Hier guck, das Haus der Gaststätte ist im Vergleich zur Länge der Straße viel zu groß eingezeichnet. Der Punkt ist aber: Das ist doch genau der Vorteil des Modells deines Bruders – seine ‚Weltfremdheit‘! Um das Modell für deine Zwecke benutzbar zu machen, ist es halt einfach sinnvoll, den Maßstab zu verkleinern und die Anzahl der Dimensionen zu reduzieren. Stell dir mal vor, du wärest mit einem ‚realistischeren‘ Modell hierher unterwegs gewesen! Da wärst du bestimmt auch nicht früher hier gewesen!"

Jetzt muss Johanna lachen, weil sie sich gerade Meinhard mit einem absolut realistischen Modell der Innenstadt auf dem Beifahrersitz im Auto vorstellt.

„Modelle brauchst du zum Verstehbar-Machen einzelner Ausschnitte der Welt, die ja insgesamt recht groß und ungeheuer komplex ist. Sie *müssen* unrealistisch sein, weil du beim Anfertigen des Modells immer fast alles weg lässt – bis halt auf die wesentlichen, unentbehrlichen Dinge. Und hinzu-erfinden, wie hier diese Straße auf dem Modell deines Bruders, sollte man eben auch nichts, wenn dadurch der Erklärungszweck in Gefahr gerät. Ob ein Modell ein gutes Modell ist, erweist sich dann, wenn man versucht, etwas damit anzufangen. Zum Beispiel von deiner Wohnung hierher zu kommen. Das ist letztlich der Prüfstein für dein Modell: Kann ich etwas damit erklären, vorhersagen, oder etwas anderes Sinnvolles damit anstellen?"

Johanna macht eine kleine Pause, weil sie sich auf das Gesicht von Meinhard vorbereiten will, wenn sie ihm nun eine sehr merkwürdige Sache erzählt.

„Manchmal", sagt sie, „manchmal ist es sogar eine ganz gute Idee, beim Modell-Machen etwas unrichtiges, vielleicht sogar absurd erscheinendes einzubauen. Das hört sich zwar recht abwegig an, aber überleg mal folgendes: Du willst ein einfaches Modell davon haben, wie ein Baum seine Blätter ausrichtet. Wie wäre es, wenn du dann unterstellst, der Baum maximiert mit der Ausrichtung seiner Blätter die gesamte Blatt-Oberfläche, die der Sonne ausgesetzt ist? Natürlich tut das kein Baum – aber das Resultat ist genau so, als würde er es tun! Er ist halt von der Evolution so programmiert worden. Oder: Du willst mit möglichst wenig Annahmen erklären, wie sich Leute verhalten. Warum nicht annehmen, dass Leute egoistisch handeln[3] und ständig ihren größten Vorteil suchend alle Möglichkeiten durchkalkulieren. In vielen Fällen wirst du damit bei der Erklärung von Verhalten gar nicht so falsch liegen, obwohl die meisten Leute Maximierungsalgorithmen gar nicht kennen und selbst wenn sie sie kennen, auch gar nicht die Zeit haben, sie anzuwenden. Sie sind eben auch von der Evolution

---

[3]   Sogar auf den ersten Blick scheinbar selbstloses Verhalten kann mitunter bei näherer Betrachtung durch Egoismus erklärt werden! Siehe hierzu Ridley, Matt (1999): Die Biologie der Tugend, Berlin: Ullstein.

so programmiert worden. Solange du mit deinen ,Als ob'-Annahmen richtige oder zumindest brauchbare Vorhersagen oder Erklärungen basteln kannst, solange ein Modell also in diesem Sinn funktioniert, solange kannst du ruhig auch mit absurd klingenden Annahmen arbeiten."

Meinhard grinst: „Nicht der Weg ist das Ziel, sondern das Ziel ist das Ziel. Oder um einen wahrhaft großen Kanzler zu zitieren: Entscheidend ist, was hinten raus kommt."

„Ganz recht! Du kannst ein Modell also als eine Art erfundene Mini-Welt betrachten, in der es nur einige wenige Akteure oder Typen von Akteuren gibt und die Dinge ansonsten auch sehr einfach liegen. Diese Mini-Welt zu durchschauen ist manchmal schon schwer genug! Apropos ,erfunden': Es lohnt sich für den Erkenntnisgewinn häufig, ein wenig kreativ zu sein und sich einfache Zahlenbeispiele auszudenken. Vorweg aber eine Quiz-Frage: Du gehst zum Arzt, um herauszufinden, ob du, wie du insgeheim befürchtest, an einer sehr seltenen Krankheit leidest. Es gibt einen Test, der 99 Prozent sicher ist, d.h. in nur einem Prozent der Fälle fälschlicherweise diese Krankheit attestiert, obwohl sie nicht vorliegt. Der Arzt macht den Test und sagt dir mit besorgter Stimme, dass der Test bei dir leider positiv ausfiel. Wie hoch ist die Wahrscheinlichkeit, dass du in der Tat krank bist?"

Meinhard ist sich sicher:

„Na, ist doch klar: 99 Prozent."

„Nun will ich dir einmal zeigen, dass ein Zahlenbeispiel sehr hilfreich dabei sein kann, unsere leider ach so trügerische Intuition zu entlarven. Denn mit deiner Einschätzung bist du zwar nicht allein, auch Mediziner geben diese Antwort – und zwar leider häufiger als es einem als Patient lieb sein kann. Aber richtig ist sie deswegen nicht. In der Tat ist der Zusammenhang eigentlich leicht zu verstehen, wenn du ein wenig ,modellhaft' vorgehst, nämlich mit einem einfachen Zahlenbeispiel, gewandet in eine Coverstory, die ich nun aus dem Stegreif eigens für dich erfinden will. Also:

Du bist Ritter Meinhard auf der Suche nach dem Hl. Gral. Du kommst an einem wilden, reißenden Fluss mit vielen Strudeln, in dem sich obendrein nach allem Anschein auch noch jede Menge Krokodile und Piranhas befinden. Am Ufer des Flusses sitzt ein merkwürdiger Greis, er schwebt einen halben Meter über dem Boden und scheint tief in Meditation versunken. Du räusperst dich. Der Greis macht die Augen auf, sieht dich und hebt zu sprechen an.

Er sei das Fluss-Orakel Norbert, gibt er sich zu erkennen. Er könne dir prognostizieren, ob du heil ans andere Ufer kommst. Das könnten nur Auserwählte, die der Fluss und die ihn bewohnende Fauna ehrfürchtig verschonen, sagt er, und diese Auserwählten seien rar. Auf 1000 Reisende käme mal gerade einer, sagt er. Aber schließlich gäbe es ja ihn, den Orakel-Nobbi. Er habe erstaunliche Gaben, teilt er dir mit. Er habe mit seinen Orakeln zu 99 Prozent recht, so gut wie immer. Und er könne dir sagen, ob du vielleicht einer der Auserwählten bist. Falls nicht, könntest Du ja den vierwöchigen Umweg über die Quelle des wilden, reißenden Flusses mit den Krokodilen und Piranhas machen. Ob du denn nun sein Orakel hören wolltest, es koste auch nur fünf Goldstücke?

Du überlegst nicht lange, zahlst und holst sein Orakel ein – und freust dich, denn Orakel-Nobbi sagt dir nach kurzer Versenkung, oh, in der Tat, du seist ja wirklich einer der Auserwählten.

Auf in den Fluss? Immerhin bist du zu 99 Prozent einer der Auserwählten und das eine Prozent Risiko gehst du als tapferer Ritter gerne ein – für vier Wochen Zeitersparnis!

Zum Glück siehst du, als du gerade ins Wasser springen willst, einige sauber abgenagte Knochen am Ufer herumliegen und denkst noch einmal nach:

Orakel-Nobbi sagt mit seiner hohen Treffsicherheit bei 1000 Orakeln im Schnitt *einmal* dem wirklichen Auserwählten, dass er der Auserwählte sei. So weit so gut – aber das sagt er leider auch noch im Schnitt 0,01 mal 999 also ca. *zehn armen Schluckern*, die keine Auserwählten sind. *Von elf Reisenden*, die von Orakel-Nobbi erfahren, sie seien die Auserwählten, ist es also gerade *einer* wirklich. Deine Chance, dass du es bist, beträgt also nicht 99 Prozent, sondern gerade mal 1/11, d.h. etwa neun Prozent! Das ist zwar eine wesentlich höhere Wahrscheinlichkeit als die eine Promille vor dem Orakel, aber immer noch eine gute Basis für wohl ernährte Krokodile und Piranhas. Prost!"

Johanna hat, während sie Meinhard die Geschichte erzählte, auf ein Blatt von Friedemanns Rechnungsblocks gezeichnet.

„So, das war eine hoffentlich gelungene Demonstration, dass Modelle im allgemeinen und einfache Zahlenbeispiele im besonderen enorm dabei helfen können, ein Gespür für Zusammenhänge zu entwickeln, die wir anders entweder gar nicht verstehen können oder bei denen – wie eben demonstriert – uns unsere Intuition einen komplett falschen Eindruck gibt. Dabei kommt es gar nicht darauf an, dass man bei den Zahlenbeispielen die echten, wahren Zahlen nimmt! Erfundene tun es auch, um das Prinzip klar werden zu lassen – und sie tun es sogar *besser*, weil sie die Angelegenheit vereinfachen! Wir werden daher, wenn wir über Ökonomik sprechen, großzügig von solchen einfachen Beispielen mit erfundenen Zahlen Gebrauch machen. Du widerlegst das Prinzip nicht, wenn du sagst: In Wirklichkeit sind es doch ganz andere Zahlen. Solange die Zahlen im erfundenen Beispiel bestimmte Eigenschaften mit den wirklichen teilen, reicht das für unsere Zwecke aus. In unserem Beispiel reichte es aus, eine Seltenheit zu charakterisieren, indem wir sagten: das kommt nur einmal in 1000 Fällen vor."

Johanna vergewissert sich, ob Meinhard inzwischen schon Ermüdungserscheinungen zeigt, der guckt aber immer noch recht verständig aus der Wäsche.

„Jetzt wollen wir mal wissenschaftlich arbeiten!", flüstert sie ihm zu und deutet auf Meinhards leeres Glas. „Zitier mal den Kellner herbei."

Nachdem Meinhard seine Bestellung aufgegeben hat, meldet sich auch Johanna und sagt zu dem Kellner „Könnd ich biddä a Seidla hom?[4]".

Diesmal gibt es keinen Erklärungsbedarf, sondern ein sehr freundliches Lachen und die Bemerkung „Fraali, ich bring's säfodd[5]".

Nachdem der Kellner gegangen ist, wendet sich Johanna an Meinhard:

„Siehst du, so testet man Theorien! Wie ich eben im Experiment nachweisen konnte, versteht und spricht unser Kellner ausgezeichnet das oberfränkische Idiom. Meine Theorie von der Heimat des Kellners steht also noch, wegen misslungenem Falsifizierungsversuch! Zwar wissen wir immer noch nicht, ob er nicht vielleicht ein kleines Dialekt-Genie ist, aber meine Theorie ist nicht widerlegt. So funktioniert Wissenschaft!"

Nun ist der Gesichtsausdruck von Meinhard allerdings leicht ins Fassungslose hinein gedriftet. Unter Wissenschaft hat er sich nun doch etwas anderes vorgestellt als eine manipulierte Bier-Bestellung.

„Du hast doch bestenfalls dein Modell vom Kellner überprüft!", wendet er ein.

„Genau! Und dabei habe ich dir demonstriert, wie eine Wissenschaftlerin im Prinzip vorgeht. War so gut wie alles dabei: Daten sammeln, Theorien bilden, Überprüfen der Theorie mit weiteren Daten. Zunächst mal fängt alle Wissenschaft, so auch unsere Kellnerologie, mit einer Beobachtung an. Ich registriere etwas, das mir auffällt. Das kann zum Beispiel sein, dass Schiffe am Horizont von unten her langsam verschwinden und nicht in einem Moment noch komplett da und im nächsten komplett weg sind. Das könnte dazu führen, dass ich nachdenklich werde, wenn ich glaube, die Erde sei eine Scheibe, denn das würde mit meiner Beobachtung nicht zusammen passen. Oder mir fällt auf, dass du dem Kellner etwas für hiesige Eingeborene Selbstverständ-

---

4 „Könnte ich bitte eine Halbe haben?"
5 „Freilich, ich bringe es sofort!"

liches erläutern musst und dass er eine Nuance vom Franken in der Stimme hat. Das könnte dazu führen, dass ich eine Theorie über die Herkunft des Kellners aufstelle. Der nächste Schritt nach der Beobachtung ist also die Bildung einer Theorie. Hier ist aber noch nicht Schluss, denn nun muss sich die Theorie im Lichte weiterer Beobachtungen bewähren – ich muss sie testen können. Wenn ich das nicht kann, dann ist die Theorie unbrauchbar, weil ich niemals herausfinden werde, ob sie zutrifft oder nicht. Was willst du mit einer Theorie, von der du das nicht wissen kannst?"

Meinhard hatte kürzlich ein Gespräch mit einer Bekannten, die die Theorie hatte, dass Leute eine „Aura" hätten, eine über den Körper hinausreichende Energiezone, die bestimmte, besonders begabte Menschen wahrnehmen könnten. Er schildert Johanna dieses Gespräch, weil er sich beim Thema doch stark an seine damaligen Bedenken erinnert.

„Das ist nun glücklicherweise eine dieser Gaga-Theorien, die man wenigstens überprüfen – und dann als solche enttarnen – kann. Du guckst einfach, ob so ein Aura-Leser mehr Auren hinter verschlossenen Türen entdeckt, als das durch Zufall erklärbar wäre. Bislang immer Fehlanzeige! Aber die wahre Tücke der Esoterik lauert in Hypothesen, die du nicht überprüfen kannst. Zum Beispiel folgende Hypothese: ‚Es gibt Geister Verstorbener, die durch die Welt wandern und sich gelegentlich zu erkennen geben'. Überprüf das mal! Diese Geister geben sich schließlich nicht jedem zu erkennen, sie sind wählerisch. Überprüfbar und damit prinzipiell als falsch zu entlarven ist die Hypothese nicht. Deswegen ist sie aber auch noch lange nicht richtig, weil so ziemlich unser gesamtes gesichertes Wissen unter anderem der Biologie und der Physik ins Wanken geraten würde, wenn die Hypothese stimmt. Wenn jemand solchen starken Tobak in die Welt setzt, dann liegt die Aufgabe, das zu belegen, erstmal bei ihm – und nicht bei den anderen, die aber natürlich unbedingt und immer aufgefordert werden, bitteschön erstmal nachzuweisen, dass es nicht so ist."

Meinhard vergewissert sich: „Also gut. Je merkwürdiger die Theorie, desto größer der Begründungszwang, beziehungsweise die Notwendigkeit, das Behauptete mit Fakten zu untermauern – richtig[6]? Aber müsste ich nicht eigentlich von jeder Theorie erwarten können, dass sie nicht mit beobachtbaren Dingen kollidiert?"

„Ganz recht! Und deswegen sollten Theorien auch so gestrickt sein, dass man sie dem Risiko aussetzen kann, mit beobachtbaren Dingen zu kollidieren, wie du so schön sagst. Einen aufrechten Wissenschaftler erkennst du daran, dass er dir sagen kann, unter welchen Umständen er seine Theorie aufgibt. Ich gebe meine Theorie vom Oberfrankentum des Kellners zum Beispiel sofort auf, wenn ich lückenlose Meldebescheinigungen ohne eine einzige oberfränkische darunter vorgelegt bekomme."

---

6 Eine der wichtigsten Grundregeln der Skeptiker! Zur Vertiefung empfehle ich ein ebenso amüsantes wie lehrreiches Einführungswerk zur wissenschaftlichen Methode und zum skeptisch-Sein: Bördlein, Christoph (2002): Das sockenfressende Monster in der Waschmaschine. Eine Einführung ins Skeptische Denken. Aschaffenburg: Alibri.

Als Meinhard später die Rechnung für sich und Johanna zahlen will und der Kellner den Betrag errechnet, wendet dieser sich noch einmal an Johanna: „Dei Biä braugsd fei ned zohln, des gehd aufs Haus, wallsdes auf Frängisch bestelld hosd.[7]"

Beim Verlassen des *Maximahl* weist Johanna ihren Freund deswegen darauf hin, dass wissenschaftliches Vorgehen seine Früchte trägt, diese aber nicht immer vom Wissenschaftler selber geerntet werden – quod erat demonstrandum.

---

[7] „Dein Bier brauchst du (es folgt ein nicht übersetzbares Füllwort) nicht zu bezahlen, das geht aufs Haus, weil du es auf Oberfränkisch bestellt hast."

Der 2. Abend: Vom leider abnehmenden Wert des Bieres

Warum Meinhard zum gesellschaftlichen Vorteil kein Bier spendiert bekommt

Das *Maximahl* ist nur mäßig besucht. Meinhard, der diesmal lieber auf Nummer sicher gegangen und deswegen 15 Minuten zu früh angekommen ist, hat beinahe freie Platzwahl. Er wählt einen Tisch am Fenster. Als Johanna eintrifft, steht bereits ein von Friedemann wunderbar gezapftes Pils vor ihm, ein kleines Kunstwerk, an dem er, der Schaum zwischen Oberlippe und Nase verrät es, auch schon einmal vorsichtig genippt hat.

„Oh, da ist aber jemand durstig!" sagt Johanna zur Begrüßung. „Wie hoch ist denn deine Emm-Zett-Be für das erste Bier gewesen?"

Meinhard ist ratlos. „Meine was bitte?"

„Deine *Maximale Zahlungsbereitschaft*[1]. Die Antwort auf die Frage: Was wäre dein Höchstgebot gewesen, wenn das erste Bier versteigert worden wäre? Was hättest du maximal ausgegeben für dein erstes kühles Blondes? Oder, anders herum: Was wäre der Euro-Wert für den Spaß, den du mit deinem ersten Bier hast?"

Meinhard geht in sich, es dauert eine Weile, bis er eine offenbar halbwegs fundierte Antwort geben kann.

„Na ja. Ich bin, wie ich gerne zugebe, ein großer Freund des Gerstensafts. Daher würde ich vielleicht sechs Euro ausgeben – aber natürlich nur, wenn ich anderswo kein Bier zu einem niedrigeren Preis bekommen kann ..."

Johanna hat inzwischen Platz genommen und sich vom Kellner einen Block geben lassen.

„Wir halten also fest: Für das erste Bier hat Meinhard eine MZB von sechs Euro. So, das schreibe ich hier in die Tabelle. Wie sieht es mit dem zweiten Bier aus? Reicht

---

[1] Auf Ökonomesisch, dem Soziolekt der Ökonomen, dessen Beherrschung eine leichtere Kommunikation mit ihnen sichert, auch *Willingness to Pay* oder kurz WTP.

deine Phantasie, dich in die Situation nach diesem deinem ersten Pilschen zu versetzen?"

„Das erste Bier ist immer das schönste. Aber Durst habe ich dann sicher auch noch. Daher kannst du für mein zweites Bier vielleicht vier Euro veranschlagen."

„Weiter! Wie sieht es mit dem dritten, dem vierten oder dem fünften Bier aus?"

„Für das dritte schreib da mal zwei Euro hin, für das vierte vielleicht noch einen Euro und das fünfte würde ich nicht mal mehr geschenkt nehmen. Ich vertrag' doch nicht so viel!"

Johanna hat die Tabelle bis zum vierten Bier ausgefüllt. Sie sieht nun so aus:

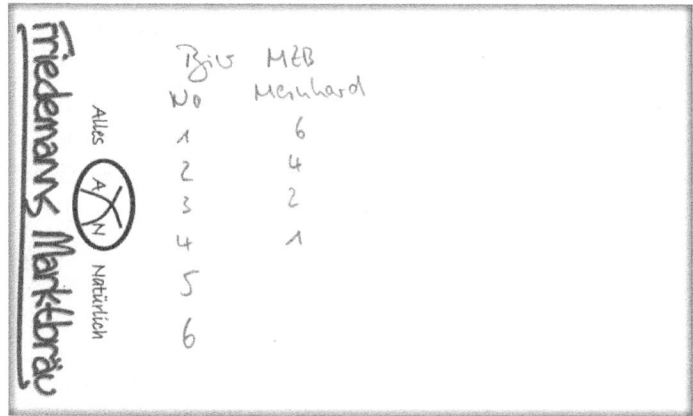

Meinhard ist neugierig geworden. Er möchte gerne wissen, wie die Tabelle für Johanna aussehen würde. Johanna trinkt eigentlich lieber Wein und ist nur gelegentliche Biertrinkerin[2]. Sie muss auch ein wenig überlegen, ergänzt aber schließlich die Tabelle für sich selbst und fügt eine weitere Spalte „Johanna" an.

---

[2] Ein Umstand, dem im Jahr der Erscheinung dieses Buches der neu ernannte Botschafter des Bieres, Außenminister Frank-Walter Steinmeier, in seiner Antrittsrede mit folgenden Worten entgegenzuwirken gedachte: „Das Beste am Wein ist das Bier danach."

„Was wir hier sehen, sind Zahlenwerte für den Spaß, den uns das Biertrinken macht. Man sagt auch, wenig spaßig, *Nutzen* anstatt *Spaß*" erklärt sie und fährt fort:

„Das sind wirklich kaum zu unterschätzende Ziffern! Wenn du dir zum Beispiel den Zahlenwert für dein erstes Bier anschaust: Was sagt der uns?"

„Na ja, wie du schon vorgeschlagen hast: So viel würde ich maximal bei einer Bier-Auktion für mein erstes Bier bieten. Wenn Friedemann hier kleine Rechner auf den Tischen installiert hätte, dann würde ich diesen Wert als Maximalgebot in mein Biet-Programm eingeben. Läge der Preis darunter, würde ich es ersteigern, stiege der Preis darüber, würde ich es nicht nehmen."

„OK, das ist *eine* Art, den Wert für deine MZB zu interpretieren. Eine *andere* Art ist: Das ist der Wert in Euro für den Spaß oder Nutzen, den du persönlich für dein erstes Bier ansetzt. Ich könnte auch sagen: Das ist der Wert, den dieses erste Bier für dich hat – in Euro ausgedrückt!"

„Woher kommt dieser Wert?" will Meinhard wissen.

„Wir haben wohl zwei große Einflussfaktoren für diesen Eurowert: Der *erste* hängt damit zusammen, wie genau deine Synapsen im Spaß-Zentrum deines Gehirns ver-bunden sind. Jedem Tierchen sein Pläsierchen – oder? Was dem einen sin Uhl, ist dem andern sin Nachtigall. Und was dem einen sin Bierchen, ist der anderen halt ein guter Rotwein, den es hier nicht gibt. Wenn du das etwas eindrucksvoller formulieren willst, kannst du auch sagen, es hat mit deinen *Präferenzen* zu tun. Die kann man dir meist nicht ansehen, aber mit den neuesten Methoden der Gehirndurchleuchtung immerhin ansatzweise sichtbar machen. Bei mir würde beim Biergenuss sicherlich eine geringere Aktivität im Spaßzentrum meines Gehirns festgestellt, wenn wir uns die Werte in der Tabelle ansehen. Deine Pläsierchen könnte ich allerdings auch umgekehrt ohne Ge-hirndurchleuchtung herausfinden, wenn ich mir anschaue, was du Tierchen so machst. Wenn du zum Beispiel auch bei sehr hohen Preisen noch Bier trinkst, dann hast du offenbar eine ausgeprägte Präferenz für Bier.[3]

Allerdings könnten deine größeren MZB-Werte auch mit dem *zweiten* Faktor zusammenhängen, nämlich mit der *Zahlungsfähigkeit*, die natürlich nicht unbedeutend für die Zahlungs*bereitschaft* ist. Du müsstest also über eine höhere Zahlungsfähigkeit verfügen, wenn wir im Prinzip die gleichen Bierpräferenzen hätten, aber deine Zahlungsbereitschaften höher sind. Wenn sich die Werte für die MZB in einer Tabelle für irgendeines deiner Konsumgüter ändern, dann hat das entweder mit Änderungen bei deinen Präferenzen oder mit Änderungen bei deiner Zahlungsfähigkeit zu tun."

„OK, das leuchtet ein. Du sagst also, ich habe mit der MZB erstens ein Höchstgebot und zweitens einen Euro-Wert für meinen persönlichen Spaß. Beides hängt wiederum von meinem Reichtum und von meinen Pläsierchen oder Präferenzen ab."

„So ist es. Wenn du nun die beiden Interpretationen der MZB zusammen nimmst, dann kommt etwas ganz Bemerkenswertes dabei raus, nämlich: Bei einer Auktion erhält derjenige Bieter den Zuschlag, der der versteigerten Sache persönlich den größten Wert beimisst – dessen Spaß an der Sache also, ausgedrückt in Euro, am größten ist."

„Sehe ich das richtig: Wenn es nur ein einziges Bier hier gäbe, dann wäre durch die Versteigerung sicher gestellt, dass es die richtige Person erhält?"

„Allerdings! Wie gesagt, kaum zu unterschätzen die Bedeutung der MZB! Aber wir müssten vielleicht etwas präzisieren, was wir mit ‚richtige Person' hier genau meinen. Wir meinen die Person, der dieses einzige Bier hier am meisten bedeutet, wobei wir allerdings als Maß für die Bedeutung einen Euro-Wert nehmen, der auf sehr spezielle Art ermittelt wird, nämlich durch eine Art Auktions-Simulation im Kopf. Und natürlich unterstellen wir, wenn wir von der *richtigen* Person sprechen, dass die Zahlungsfähigkeiten gerecht zustande gekommen sind. Sonst wäre es vielleicht die falsche Person, die den Zuschlag erhält, weil die Höhe der Zahlungsfähigkeit bei ihr nicht in Ordnung ist."

„Ziemlich hypothetisch!", wendet Meinhard ein. „Wer simuliert denn im Geiste Auktionen?"

„Gar nicht hypothetisch! Das machst du, wie jeder andere auch, bei jeder einzelnen Kaufentscheidung! Es mag sein, dass du nicht gerade den exakten Wert, bis auf den Eurocent, für deine MZB ermittelst, aber du ermittelst zumindest, ob deine MZB über dem Wert auf dem Preisetikett der Sache liegt, die dich als Konsumenten interessiert. Wenn ja, dann kaufst du sie nämlich. Liegt deine MZB deutlich darunter, dann kaufst

---

[3] Diese durch beobachtbare Handlungen *enthüllten Präferenzen* sind für viele angewandte Methoden der Ökonomik unverzichtbar! Denn Leute nutzen oft die Möglichkeit, gratis zu lügen, wenn sie sich einen Vorteil davon versprechen können. Worte sind daher im Gegensatz zu Taten nicht besonders aussagekräftig.

du sie nicht. Liegt sie in der Nähe des Wertes auf dem Preisschild, dann stehst du vermutlich eine Weile unschlüssig vor dem Regal herum. Oder du sitzt eine Weile unschlüssig vor der Preisliste für die Getränke, wenn deine Bier-MZB sich nicht sehr von dem Preis unterscheidet, der darauf steht. Was in unserem Fall übrigens bei deinem dritten Bier der Fall sein dürfte. Guck hier..."

Johanna legt die Preisliste vor Meinhard. Dort steht als Preis für das Bier 1,90 Euro.

„Falls sich bei deiner Bier-MZB nach deinen ersten zwei Bieren nichts ändert, dann dürftest du, vielleicht nach kurzem Erwägen, noch ein drittes Bier bestellen. Aber sicher kein viertes mehr. Dein Spaß, in Euro ausgedrückt, nimmt von Bier zu Bier ab. Das ist etwas, was du sicher für die allermeisten Konsumgüter unterstellen kannst. Wenn du mehrere CDs von deiner Lieblings-Band kaufst, dann kaufst du auch zuerst diejenige, die für dich am meisten Hörgenuss, gemessen abermals in Euro, bringt. Dann die zweitinteressanteste mit der schon eine etwas niedrigere MZB verbunden ist, und so weiter. Außerdem kannst du dieses Gesetz von der abnehmenden Attraktivität bei zusätzlichen Einheiten auch folgendem Spruch entnehmen: ‚Willst du gelten, mach dich selten!' Wenn das kein eindeutiger Hinweis auf abnehmenden Grenzspaß an einer Person ist!"

Meinhard sieht sich die Tabelle an.

„Das gilt aber nur für den isolierten Spaß für das nächste Bier. Insgesamt nimmt mein Spaß doch auch mit dem dritten Bier noch zu. Er würde sogar noch mit dem vierten Bier zunehmen!"

„Sehr scharf beobachtet, mein Lieber! Wenn wir uns die Werte hier in der Tabelle ansehen, dann sind das jeweils die Spaßschübe, die durch ein weiteres Bier erzeugt werden, vorausgesetzt, man hat die anderen Biere bis dahin schon intus! Dein Gesamtspaß ist nichts anderes als die Summe dieser einzelnen, kleinen Bier-Freuden. Zum Beispiel hast du mit zwei Bieren, deinen ersten zwei Bieren, um genau zu sein, einen Gesamtspaß von sechs plus vier gleich zehn Euro. Und selbst bei Freibier heute Abend würde dein Gesamtspaß am Biergenuss nicht über sechs plus vier plus zwei plus eins gleich 13 Euro steigen können, denn für dein fünftes Bier hast du festgestellt, dass du es nicht einmal geschenkt haben wolltest. Was wäre denn, wenn du in der Tat so über die Stränge schlagen würdest und auch noch das fünfte Bier trinkst?"

„Es würde mir vermutlich nicht besonders wohl sein!"

„Du würdest also das Gegenteil von Spaß haben – negativen Spaß. Für den müssten wir nun einen Euro-Wert ermitteln, wenn du wirklich über das fünfte und sechste Bier Bescheid wissen willst."

„Wie soll das denn gehen?"

„Wir suchen wieder nach einer Zahlungsbereitschaft. Was würdest du denn höchstens dafür zahlen, damit du dieses fünfte Bier *nicht* mehr trinken müsstest? Nimm doch mal an, du wärest gezwungen, dieses Bier zu trinken, könntest dich aber freikaufen von diesem Zwang. Was wäre dein Höchstbetrag, über den du nicht hinaus gehen würdest?"

„Du verlangst mir wieder einiges an Vorstellungsvermögen ab! OK, Friedemann hat mich also an meinen Stuhl gefesselt und stellt mich vor die Wahl: Entweder er flößt mir dieses fünfte Bier ein oder ich kaufe mich von dieser Tortur frei. Hm, ich glaube beim fünften Bier würde ich nicht höher als einen Euro gehen. Aber wenn das nicht reichen würde und er mir auch noch ein sechstes einflößen wollten, dann würde ich vielleicht bis drei Euro hoch gehen, um auch das zu vermeiden."

Johanna hat die Tabelle für Meinhard nun für Bier Numero fünf und Bier Numero sechs ergänzt. Dort stehen nun ‚-1' und ‚-3'. Sie sagt, während sie noch damit beschäftigt ist:

„Die Frage zur Ermittlung deiner Negativ-Spaß-Werte bei Bier fünf und Bier sechs hätten wir auch anders stellen können. Wir hätten nämlich die Situation etwas weniger folterkellerhaft auch so inszenieren können: Friedemann bietet dir ein fünftes Bier an, gratis. Du sagst, du willst das Bier aber nicht mal geschenkt. Aus irgend einem finsteren Grund möchte Friedemann aber, dass du es dennoch trinkst – vielleicht möchte er dich gerne einmal leicht beschickert sehen. Also bietet er dir einen Geldbetrag dafür an, dass du das Bier trinkst. Wie hoch müsste dieser Betrag mindestens sein, damit du einwilligst? Eigentlich müsstest du zum gleichen Ergebnis kommen, wie in unserem anderen Szenario[4], also mindestens einen Betrag von einem Euro für das fünfte Bier haben wollen und mindestens einen Betrag von drei Euro dafür, dass du auch das sechste noch trinkst."

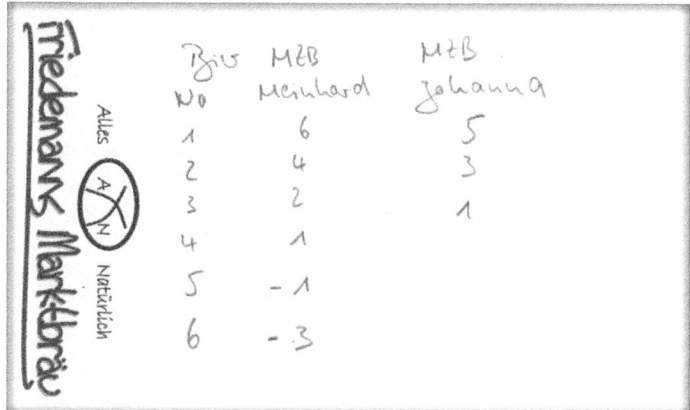

„Diesmal sind wir aber nun wirklich sehr hypothetisch! Negative Spaßwerte! Ich kann mir nicht denken, dass du auch dafür eine praktische Erklärung hast!"

„Hab ich aber! Es gibt sogar jede Menge Gelegenheiten, in denen du negative Spaßwerte für dich abwägst. Denk doch mal nach: Wann bezahlst du denn etwas dafür, dass etwas *nicht* geschieht, was sonst geschehen würde?"

Meinhard muss wirklich nicht lange überlegen.

„Ich kaufe mir ein Straßenbahnticket und bezahle zum Beispiel zwei Euro dafür, dass ich *nicht* beim Schwarzfahren in der Straßenbahn erwischt werden kann. Ich kaufe ein Fahrradschloss dafür, dass mein Fahrrad *nicht* gestohlen wird."

„Na siehst du: Alles negative Spaßwerte, die du damit zum Teil enthüllst. Es ist dir also mindestens zwei Euro wert, nicht mit einem schlechten Gewissen in der Straßenbahn zu sitzen. Man könnte es auch so sehen, dass du dich mit dem Kauf einer Police am Ticketautomaten für zwei Euro gegen das Risiko versicherst, erwischt zu werden und das sogenannte *erhöhte Beförderungsentgelt* bezahlen zu müssen. Aber lass uns einmal zum Bier zurückkehren – prosit übrigens – und diese Negativ-Werte in unserer Tabelle vernachlässigen. Ich will mit dir mal ausrechnen, wie viel Netto-Spaß wir beide aus dem Bierkonsum ziehen. Diese Werte, die wir für uns aufnotiert haben, sind ja interpretierbar als unser Spaßzuwachs pro Bier. Wenn du also zum Beispiel alle Biere trinkst, die einen positiven Spaßzuwachs bringen, hast du insgesamt für 13 Euro Spaß daran. Aber das wirst du nicht tun, weil die Biere hier leider nicht gratis sind. Da wir pro Bier einen Preis von 1,90 Euro zahlen müssen, wird dein Bierkonsum nach dem dritten Bier zum Erliegen kommen. Ich wiederhole: Erstens trinkst du nur drei Biere, zweitens zahlst du auch noch 1,90 Euro pro Bier. Um deinen gesamten Netto-Spaß herauszufinden, müssen wir also von Bier eins bis Bier drei noch jeweils 1,90 Euro abziehen. Lass uns das mal Schritt für Schritt – oder besser: Bier für Bier – tun! Bier eins beschert dir einen Netto-Spaß von sechs Euro minus 1,90 Euro gleich 4,10 Euro. Als Ökonomin sage ich das so: Du hast eine *Konsumentenrente* von 4,10 Euro, wenn du das erste Bier trinkst. Statt Netto-Spaß oder Konsumentenrente kannst du dir auch vorstellen, dass der Vorteil, den du als Konsument davon hast, dass es den Bier-Markt gibt, sich für dieses Bier auf 4,10 Euro beläuft. Für dein zweites Bier haben wir in deinem Fall eine Konsumentenrente von vier Euro minus 1,90 Euro gleich 2,10 Euro und für dein drittes und letztes Bier eine Konsumentenrente von immerhin zehn Cent. Alle Vorteile des Biermarktes für dich und für den heutigen Abend zusammen genommen, in Geldwert oder auch *monetarisiert*, machen 6,30 Euro aus."

„Was habe ich mir denn darunter vorzustellen?" will Meinhard jetzt wissen. Die Geschichte mit dem Vorteil des Biermarktes in Euro für ihn als Konsument will ihm noch nicht ganz einleuchten.

„Du kannst das auch so sehen: Der Umstand, dass dir Friedemann hier in seiner Kneipe Bier verkauft, macht dich heute Abend um insgesamt 6,30 Euro reicher, als du es ohne diese Möglichkeit gewesen wärst. Wie viel Geld hast du heute dabei?"

Meinhard zückt sein Portemonnaie und zählt.

„25 Euro und 42 Cent."

„OK, du bist also mit 25 Euro und 42 Cent hier hereingelaufen. Was ist deine MZB für diesen Geldbetrag?"

„Sehr witzig! Natürlich würde ich dir sicher nicht mehr als eben genau 25 Euro und 42 Cent dafür geben!"

„Also ist das auch der Betrag, auf den sich dein Nutzen aus dem Inhalt deiner Geldbörse beläuft. Du kommst mit 25 Euro und 42 Cent Nutzen hier rein, trinkst deine drei Bier, hast einen Nutzenzuwachs von zwölf Euro aus dem Genuss des Gerstensaftes und einen Nutzenabgang von 5,70 Euro, weil du schließlich und leider auch dafür bezahlen musst. Fazit: Du gehst mit einem *Spaß-Plus* von 6,30 Euro, das allein dem Bierkonsum zuzuschreiben ist, aus der Kneipe raus. Von dem Spaßzuwachs aufgrund des erbaulichen Gesprächs mit mir schon ganz zu schweigen!"

„Ich werde dir jetzt aber nicht meine MZB für die Plauderei mit dir angeben! Sonst kommst du womöglich noch auf Ideen! Kannst du mir übrigens vielleicht noch sagen, wofür ich all meine neuen Kenntnisse über MZB, Konsumentenrente und Vorteile des Konsumenten aus der Teilnahme am Markt brauchen kann?"

„Erstens, mein Lieber, ist das Konzept von der MZB eines der wichtigsten Konzepte in der Ökonomik. Von Untersuchungen, ob es sich zum Beispiel für unsere Stadt lohnt, einen kleinen Park in einem Stadtviertel anzulegen, bis zur cleveren Ausgestaltung von Auktionen – überall kommst du ohne die MZB nicht aus. Die ist der Dreh- und Angelpunkt für eine ganze Menge sehr interessanter und wichtiger Fragen. Bei dem Park ist die Stadt interessiert, ob die Kosten, die der Park verursacht, wirklich niedriger sind, als der Spaß, den die Bewohner des Viertels damit haben. Die Stadt muss also irgendwie die MZB der Bewohner schätzen und addieren, sonst kann sie keine Antwort auf diese wichtige Frage bekommen. Bei den Auktionen geht es häufig um das Problem, wie genau man etwas versteigern soll, damit der Erlös möglichst groß wird. Wenn du mal drüber nachdenkst, wirst du feststellen, dass jemand, der etwas versteigern möchte, ganz gerne so nah wie möglich an die MZB des am stärksten interessierten Bieters herankommen möchte. Bei der Standardmethode einer Versteigerung, mit steigenden Geboten und überbieten des letzten Gebotes, beläuft sich der Auktionspreis aber auf etwas in der Nähe der MZB des am *zweitstärksten* interessierten Bieters."

Johanna nimmt einen Schluck.

„Zweitens?" drängelt Meinhard.

„Nur Geduld! Zweitens wirst du bald feststellen, dass du Märkte nicht verstehen kannst, wenn dir die MZB fremd ist. Denn sie spielt eine herausragende Rolle bei der Betrachtung der Nachfrage-Seite. Du wirst niemals gut mit einer Nachfragekurve argumentieren können, wenn dir die MZB unbekannt ist. Das wird dir sehr bald einleuchten! Und ohne die Nachfrageseite wirst du natürlich Schwierigkeiten mit der

Betrachtung von Märkten insgesamt haben. Und drittens sollte es doch eigentlich direkt einleuchten, dass so etwas wie Geldbeträge für Werte, die Leute irgendwelchen Dingen beimessen, enorm praktisch sind. Du kannst den Wert einer Sache für verschiedene Konsumenten zum Beispiel vergleichen und herausfinden, welcher Konsument die Sache bekommen sollte und welcher nicht. Du kannst den Wert der Produktion eines bestimmten Herstellers beurteilen, wenn du die Zahlungsbereitschaften für das Produkt kennst. Und du kannst auch herausfinden, ob die Herstellung der Sache den ganzen Aufwand wert war, den sie verursacht hat. Nimm nur mal die ganze Debatte um das soziale Engagement der Unternehmen…"

„Was hat das denn mit der MZB zu tun?"

„Worin besteht das soziale Engagement des Bierherstellers? Was tut der für die Gesellschaft? Er stellt Bier her! Und du kannst den Wert der Bierproduktion für die Gesellschaft sogar beziffern, wenn du Zahlungsbereitschaften abschätzen kannst. Der Wert für die Gesellschaft ist zunächst einmal[5] nichts anderes als die Summe der Werte für die Gesellschaftsmitglieder, in diesem Fall halt aller Bier-Konsumenten."

„Jetzt erzähl mir aber nicht, dass nur die Konsumenten einen Vorteil haben! Ich bekomme ja schon richtig Mitleid mit den Brauerei-Besitzern, die sich selbstlos für die Gesellschaft opfern, ganz ohne eigene Vorteile…"

„Wir haben ja bislang auch nur über eine der beiden Marktparteien geredet, nämlich über die Konsumenten. Rate mal, wie der Netto-Vorteil der Produzenten wohl heißen mag?"

„Wie wäre es mit ‚Produzentenrente'?"

„Sehr schlau! So heißt in der Tat der Euro-Betrag, der ermittelt wird, wenn man vom Brutto-Vorteil für den Hersteller, also von dem Preis, den der Produzent erhält, seine Herstellungskosten abzieht. Du kannst das auch als Gewinn pro Stück bezeichnen. Nimm als Beispiel Friedemann. Der verkauft dir neben dem Bier natürlich noch den Service, dass du es gebracht bekommst und dass du es in einer angenehmen Umgebung trinken darfst, zu der ich übrigens beitrage, ohne dies Friedemann in Rechnung zu stellen. Wenn wir mal annehmen, dass sich seine Kosten für all das auf 1,50 Euro pro Glas belaufen, dann beträgt seine Produzentenrente 190 Cent minus 150 Cent gleich 40 Cent pro Glas. Das ist dann der Vorteil, den Friedemann aus der Existenz des Biermarktes zieht, also seine Produzentenrente pro Glas. Da wir Friedemann auch ruhig als Mitglied unserer Gesellschaft betrachten können, müssen wir diesen Betrag bei der Ermittlung des Gesamtvorteils, den Friedemanns Geschäft mit dir für die Gesellschaft bringt, ebenfalls berücksichtigen. Wir gehen hier ganz egalitär vor: Ein Euro Produzentenrente hat nicht mehr und nicht weniger Wert als ein Euro Konsumenten-

---

5   Hier erspart Johanna ihrem Zuhörer zunächst die Einschränkungen dieser Aussage, wenn besondere Eigenschaften der Produkte oder der Produktionsweise vorliegen, die sogenannte „externe Effekte" zur Folge haben. Siehe 12. Abend!

rente. Alle Gesellschaftsmitglieder zählen und alle Gesellschaftsmitglieder zählen gleich."

„Lass mal sehen: Dann beläuft sich der gesellschaftliche Vorteil meines ersten Glases Bier auf insgesamt vier Euro 50 Cent! Davon sind 410 Cent aus meiner Konsumentenrente und 40 Cent aus Friedemanns Produzentenrente. Hm, hätten wir das nicht einfacher haben können? Ich kann doch einfach meinen Bruttospaß von sechs Euro nehmen, wie er in unserer MZB-Tabelle steht, und davon die Herstellungskosten von Friedemann in Höhe von geschätzten 150 Cent abziehen, dann kommt genau der gleiche Betrag für den gesellschaftlichen Vorteil aus meinem ersten Glas Bier heraus!"

„Nicht schlecht, deine Beobachtungsgabe, und dies zu dieser späten Stunde! Pass mal auf, das wird dir gleich klar sein: Wir nehmen deine Bewertung des Bieres Nummer eins. Falls du es bekommst, entsteht lokal hier auf dem Stuhl mir gegenüber ein Spaßzuwachs von sechs Euro. Das ist ein Spaßzuwachs für die Gesellschaft insgesamt, denn auch dich können wir ruhig als Gesellschaftsmitglied zählen. Der Gesellschaft, diesmal in Gestalt von Friedemann, entstehen aber auch Kosten in Höhe von einem Euro 50 Cent. Für die Gesellschaft als Ganzes saldieren sich daher gewisse Positionen, wir erhalten dann die sogenannte gesamte Wohlfahrt. Interessant ist dafür nur noch, was das Produkt für einen Wert hat und was die Herstellung gekostet hat. Wenn wir das aufschreiben, wird das noch deutlicher. Hier haben wir zunächst die beiden Positionen für dich und Friedemann:

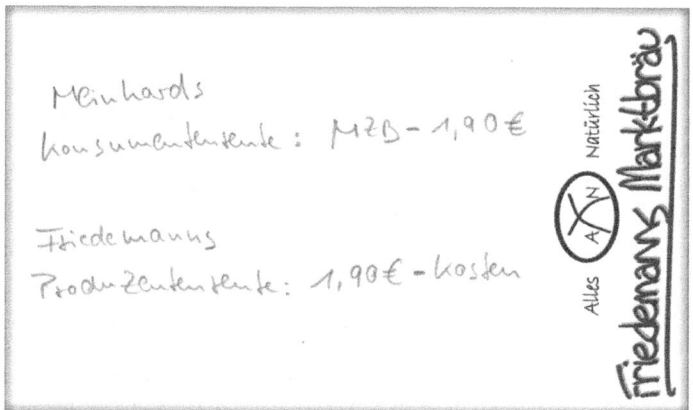

Wenn wir die beiden nun zusammen zählen, dann siehst du, dass der Preis von 1,90 Euro entfällt und nur noch die Maximale Zahlungsbereitschaft und die Kosten übrigbleiben:"

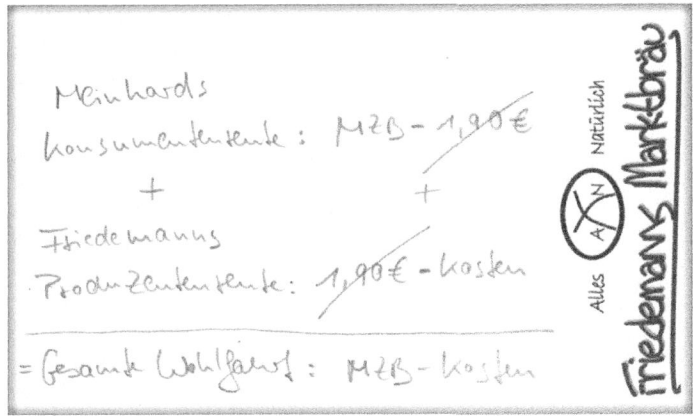

Meinhard ist gerade mit dem letzten Schluck seines zweiten Bieres beschäftigt, nickt aber kurz, um sein Verständnis zu signalisieren.

„Und wenn wir das ganze einmal aufzeichnen?", bittet er danach.

Johanna hat schon ein neues Blatt des Rechnungsblocks vor sich liegen.

„Also gut: Hier haben wir deine Wertschätzung des ersten Bieres, gemessen in der MZB."

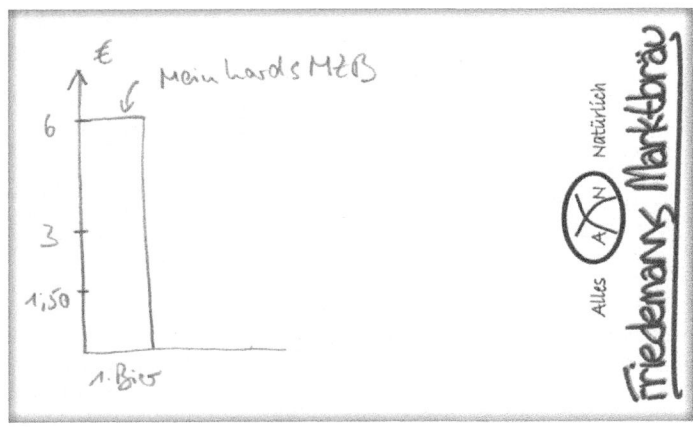

„Wir tragen dazu noch Friedemanns Kosten ein. Hier."

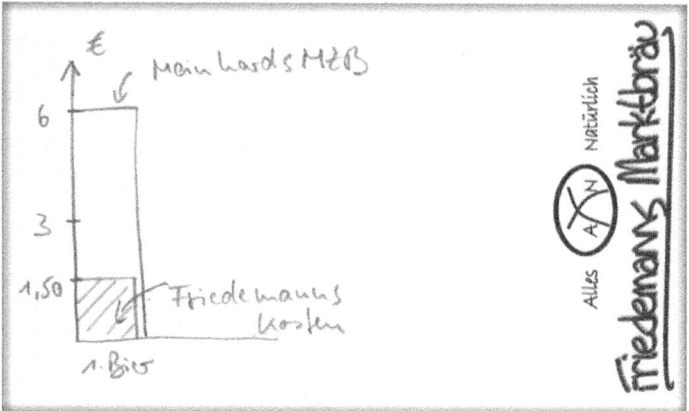

„Der Unterschied zwischen den Kosten des Bieres und deiner Wertschätzung ist der Nettovorteil des Bieres. Wenn wir das in die Zeichnung eintragen, erhalten wir die von Friedemann geschaffene Wohlfahrt."

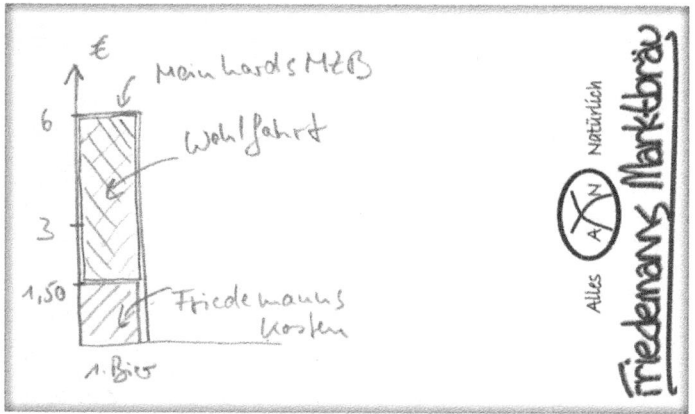

„Und wenn wir jetzt noch berücksichtigen, dass der Preis die gesamte Wohlfahrt in Konsumentenrente und Produzentenrente aufteilt, dann können wir durch das Einzeichnen der Preislinie diese beiden Komponenten der gesamten Wohlfahrt voneinander isolieren. Hier, voilà."

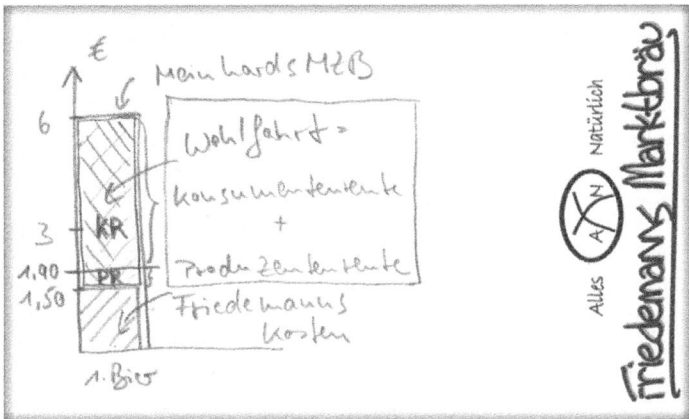

„Bevor du jetzt daran gehst, den gesellschaftlichen Netto-Vorteil um weitere zehn Cent für dich und 40 Cent für Friedemann, also um insgesamt 50 Cent zu vermehren, indem du dein drittes Bier bestellst und konsumierst, lass uns noch überlegen, was uns die Netto-Vorteils-Ökonomik – oder auch Wohlfahrtsökonomik – über das Schenken lehrt. Das ist nämlich ganz aufschlussreich!"

„Über das Einschenken? Oder über den Schankbetrieb?"

Johanna ist sich nicht ganz sicher, ob es nicht vielleicht besser wäre, angesichts des stark angewachsenen Schelmentums des Gegenübers die ökonomischen Erörterungen für heute einzustellen.

„Legt sich der Alkohol bereits auf den Hörnerv? Ich sprach vom Schenken, vom großherzigen Übereignen einer Sache. Das ist nämlich, gesellschaftlich betrachtet, manchmal gar nicht so begrüßenswert. Pass mal auf, wenn du noch kannst: Angenommen, ich wäre in Spendierlaune und würde dir ein Bier ausgeben, das dann ja, dein viertes wäre. Damit steigere ich das gesellschaftliche, nämlich in diesem Fall dein Wohl um insgesamt einen Euro. So steht es jedenfalls hier in der Tabelle. Da du noch eine positive MZB für dieses Bier hast, würdest du das Geschenk dankend annehmen. Wenn unsere Annahme über Friedemanns Kosten allerdings zutrifft, dann kostet dieses dein viertes Bier die Gesellschaft 150 Cent. Damit würde ich also, gesellschaftlich betrachtet, einen Verlust für den gesellschaftlichen Nettovorteil in Höhe von 50 Cent verursachen, wenn ich dir jetzt ein Bier spendiere! Deswegen werde ich das heute auch bleiben lassen! Ich spendiere dir lieber das erste Bier beim nächsten Mal. Dann nämlich erzeuge ich mit dem gleichen Betrag einen Wohlfahrtszuwachs von vier Euro 50 Cent!"

Meinhard muss sich der Logik der Argumentation geschlagen geben, auch wenn er kurzfristig erwägt, zu seinem Vorteil die Annahme über die Kosten in Zweifel zu ziehen. Groß wäre der Wohlfahrtszuwachs bei seinem vierten Bier ja auch dann nicht, wenn Friedemann Kosten von nur 90 Cent pro Bier hätte. Stattdessen teilt er Johanna eine Beobachtung mit.

„Ich habe mich schon immer gefragt, warum es eigentlich diese sogenannten Geschenkläden gibt, in denen Krimskrams verkauft wird, den man sich selbst niemals kaufen würde, jedenfalls nicht zu den Preisen, zu denen er dort angeboten wird. Offensichtlich kaufen dort aber Leute für andere Leute ein."

„Das ist der Grund, warum so viele Ökonomen dagegen sind, Sachen zu verschenken und sich vielmehr für Gutscheine oder Bargeld aussprechen – im privaten wie im öffentlichen Leben. Man kann sich nämlich sehr täuschen, was den Wert einer Sache *für andere* angeht. Denk nur an all die Krawatten unterm Weihnachtsbaum, die niemals das Tageslicht erblicken. Und weil es schließlich auch etwas kostet, solche Krawatten herzustellen, ist das nicht nur nicht nützlich, sondern auf der gesellschaftlichen Ebene sogar schädlich. Ökonomen haben einmal für die USA ausgerechnet, dass die Schenkerei zu Weihnachten dort einen Schaden von mehreren Milliarden Dollar im Jahr anrichtet, weil die Wertschätzung der Beschenkten für ihr Geschenk unter den Herstellungskosten für die Geschenke liegen kann – und dies auch oft genug tut."[6]

Meinhard hakt noch einmal zu einer Sache nach, über die im Zusammenhang mit der Konsumentenrente schon kurz gesprochen worden war.

„Du hast doch vorhin die Diskussion über das soziale Engagement der Unternehmen erwähnt. Wenn ich es mir recht überlege, kann das auch richtige Nachteile für die Gesellschaft haben, wenn sich Unternehmen als Wohltäter darstellen wollen und dafür Geld ausgeben. Wenn zum Beispiel die Brauerei von Friedemann einen größeren Betrag für die Kleinkunstbühne hier im Viertel spendiert, und er dann anschließend mit aufwändig gedruckten Folianten die Öffentlichkeit über sein Gutmensch-Sein informiert, dann muss eine Kombination aus Friedemann, seinen Angestellten und seinen Kunden für diesen Betrag aufkommen. Ob daraus wirklich ein Gewinn für die soziale Gemeinschaft resultiert ist fraglich. Vielleicht führt die Kleinkunstbühne nun avantgardistische Stücke auf, die kein Schwein interessieren. Oder die Folianten haben ein Mehrfaches des Betrages gekostet, den die Kleinkunstbühne erhalten hat. Vielleicht wäre es besser, wenn ein Brauer bei seinen Braukesseln bliebe und der Schuster bei seinen Leisten!"

„In der Tat!" gibt ihm Johanna recht. „Jedenfalls als Geschäftsleute. Was sie als Privatmenschen mit ihren Einkommen tun, ist natürlich eine andere Angelegenheit. Wenn Friedemann als Brauerei-Eigner einfach einen Teil seines Gewinns nimmt und damit Gutes tut, kann man jedenfalls aus der Warte der Wohlfahrtsökonomie nicht viel dagegen einwenden. Vielleicht macht es ja *ihm* Spaß, dass Kleinkunstbühnen sich der Avantgarde widmen. Generell ergibt sich immer nur ein Problem, wenn etwas mit höherem Aufwand – gemessen in Euro anhand der Kosten – hergestellt werden kann,

---

6 The Deadweight Loss of Christmas, in: *American Economic Review*, December 1993, vol 83, no 5.

als es Spaß macht bzw. ‚Nutzen stiftet' – ebenfalls gemessen in Euro anhand der MZB."

„Sind wir also froh darüber, dass Friedemann sich aus diesem ganzen Tu-Gutes-und-rede-darüber-Kram heraushält und bei seiner eigentlichen gesellschaftlichen Funktion bleibt!"

Meinhard hebt sein Glas: „Auf die soziale Funktion Friedemanns!"

Der 3. Abend: Prohibition und Freibier

Die Nachfragekurve für den zweiten Tisch rechts vom Eingang

Meinhard erscheint mit finsterer Miene im *Maximahl*. Die Vorgänge des Platz-Nehmens und Bier-Bestellens werden begleitet von Ausrufen wie „So ein Mist!" und „Schöne Bescherung!"

„Welche Laus ist dir den über die Leber gelaufen? Denk daran, dass du dabei bist, die Dienste dieses Organs in Anspruch zu nehmen!", ermuntert Johanna ihren Freund und gelehrigen Schüler.

„Du weißt doch, dass im nächsten Monat meine Lieblingsband *Ölige Stullen* ein Konzert geben. Ich dachte, es wäre noch jede Menge Zeit, Karten zu kaufen. Jetzt haben die aber angekündigt, dass dies ihr letztes Konzert sein wird. Innerhalb weniger Stunden nach der Meldung im Radio waren alle Karten weg. Ich habe daher gerade mal bei den Internet-Börsen nachgeschaut: 150 Euro wollen die für eine Karte!! 150 Euro!!! Diese Halsabschneider!!!!" Eine Mischung aus Empörung und Wut flackert über Meinhards Gesichtszüge.

„Angebot und Nachfrage live, mein Bester! Das ist bei näherer Betrachtung vielleicht nicht so unterhaltsam wie ein Konzert von *Ölige Stullen*, aber auch ganz interessant. Der Markt verrichtet sein Werk und du kannst dabei zuschauen, immerhin. Auch wenn hier streng genommen zwei Märkte in Folge zu betrachten sind, nämlich der Primärmarkt, auf dem die Karten zu einem festen Preis verkauft werden, und der Sekundärmarkt im Internet und vermutlich auch noch vor der Konzerthalle am Abend des Konzertes, bei dem freie Preisbildung herrscht. Aber sei nicht so streng mit den Anbietern dort! Du würdest doch sicher auch kein Geld verschenken. Hast du dich nicht kürzlich erst von einer von allen *Ölige Stullen*-Musikern handsignierten Bierdose für 100 Euro getrennt, die du beim letzten Konzert backstage ergattert hast? Sieh es mal so: Offensichtlich gibt es Leute, denen der Besuch dieses Konzertes mehr als 150 Euro wert ist, die sich also so viel Spaß in Euro ausgedrückt davon versprechen. Sonst würde die Karte ja nicht zu diesem Preis gehandelt. Vermutlich gibt es sogar einige Fans mit einer deutlich höheren MZB als 150 Euro. Und dann wiederum gibt es solche Fans, die zwar die 30 Euro Ticketpreis im Vorverkauf bezahlt haben, denen aber 150 Euro mehr bedeuten als ein Besuch des Konzertes. Die Karte wechselt den Besitzer und die zwei Beteiligten am Tausch freuen sich alle beide. Du kannst doch den Käufern nicht verübeln, dass sie noch größere Fans sind als du – und den Verkäufern kannst du auch nicht verübeln, dass sie halt ein wenig schneller am Ticketschalter waren als du! Bleibt der Neid, aber ob das so ein angenehmer Charakterzug ist?"

Meinhard schweigt immer noch mit wenig Freude im Gesicht vor sich hin. Um ihn auf andere Gedanken zu bringen, kramt Johanna in ihrer Tasche und legt ihm einen Zettel vor die Nase, den wir schon kennen. Seine und ihre Zahlungsbereitschaften für mit Friedemanns Marktbräu gefüllte Gläser.

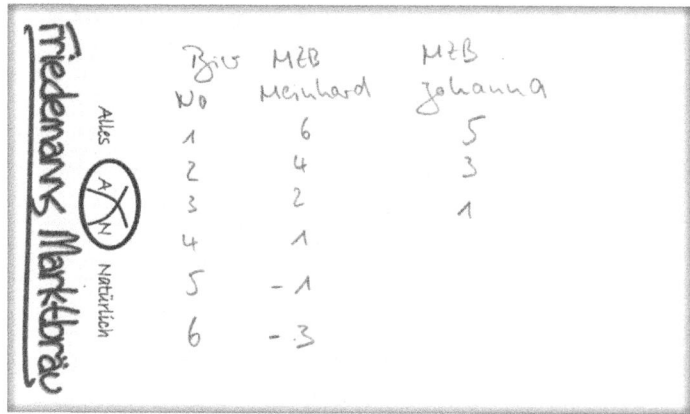

„Wir wollen unsere Gedanken mal vom Konzert-Ticket-Markt weg- und zum Bier-Markt hinlenken! Wir haben hier alle Informationen beisammen, die wir brauchen, um unsere Nachfragekurve für Bier zu zeichnen! Zuerst malen wir deine, dann malen wir meine, und anschließend kombinieren wir diese beiden Kurven zur Nachfragekurve für unseren Tisch" – Johanna schaut sich kurz um – „den zweiten Tisch rechts vom Eingang. Was brauchen wir für eine Nachfragekurve? Eine Nachfragekurve zeigt nachgefragte Mengen in Abhängigkeit vom Preis, der für das Produkt verlangt wird. Die nachgefragte Menge ist das Resultat des Preises. Die Nachfragekurve stellt diesen Zusammenhang grafisch dar. Sie ist mit anderen Worten unser Modell des Verhaltens der Nachfrager bei verschiedenen Preisen. Wir brauchen also ein Diagramm, bei dem auf der einen Achse der Preis steht und auf der anderen die nachgefragte Menge, beide jeweils in geeigneten Einheiten, in unserem Fall in den Einheiten ‚Glas Bier' und ‚Euro pro Glas Bier'"

„Stell dir einfach mal einen anderen Zusammenhang vor, wo etwas die Folge von etwas Anderem ist. Zum Beispiel könnten wir grafisch darstellen, wie die geistige Leistungsfähigkeit, gemessen in richtig gelösten Aufgaben des großen Einmaleins pro Minute, vom Bierkonsum, gemessen in Glas Bier, abhängt. Was würdest du annehmen?"

„Bevor ich jetzt spaßeshalber etwas Unplausibles sage und du dann einen Test mit mir machst, den ich nicht so lustig fände: Je größer der Bierkonsum, desto kleiner die geistige Leistungsfähigkeit."

„Wenn wir das grafisch darstellen wollen, dann müssen wir an die Achsen ‚geistige Leistungsfähigkeit, gemessen in richtig gelösten Aufgaben des großen Einmaleins pro Minute' und ‚Bierkonsum, gemessen in Glas Bier' schreiben. Den Zusammenhang können wir durch eine Linie verdeutlichen, etwa so:

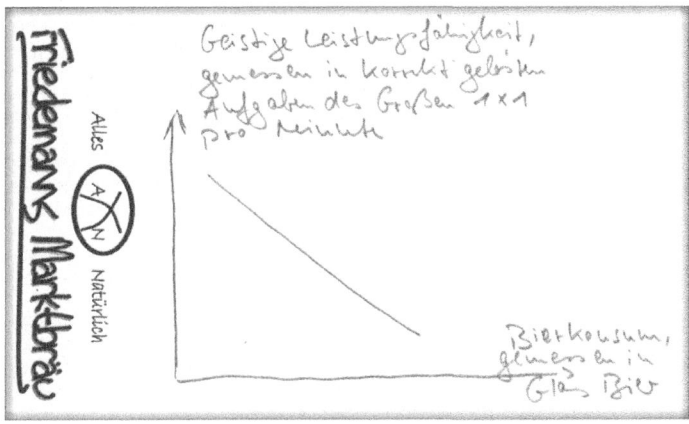

Der Bierkonsum ist sicher nicht unbedeutend für meine geistige Leistungsfähigkeit, aber vergessen wir hier nicht Einiges? Schließlich sollten unter anderem meine Übung im großen Einmaleins, die Anzahl der Stunden, die ich letzte Nacht geschlafen habe und vermutlich noch ein paar andere Dinge auch wichtig für meine Leistung sein!"

„Ganz recht! Aber das *vergessen* wir nicht, wenn wir die Linie zeichnen, sondern wir nehmen nur an, dass diese Einflussfaktoren *konstant gehalten werden*. Wir untersuchen hier nur und ausschließlich den Einfluss des Bieres! Wenn ich den Test mit dir machen würde, den du ja nicht machen willst, dann dürfte ich nicht *heute* die Anzahl der richtig gelösten Aufgaben nach dem ersten und vor dem zweiten Bier und dann *beim nächsten Mal*, wenn du wahrscheinlich aus lauter Eitelkeit zur Vorbereitung täglich zwei Stunden Einmaleins geübt hast, die Anzahl der richtig gelösten Aufgaben nach dem zweiten und vor dem dritten Bier ermitteln. Vermutlich käme dann heraus, dass du mit steigendem Bierkonsum immer besser kopfrechnest. Wenn verschiedene Dinge wichtig für etwas sind, das uns interessiert, dann ist es meist eine gute Idee, alle einzeln und für sich allein zu betrachten und für den jeweiligen Rest anzunehmen, dass er sich nicht ändert. Da *das Übrige gleich gehalten* wird, heißt diese Annahme auch *ceteris paribus Annahme*."

„Ich verstehe. Auf die nachgefragte Menge an Bier angewendet heißt das: Die anderen Faktoren, die, neben dem Preis auch bedeutsam für meine Biernachfrage sind, werden beim Zeichnen der Nachfragekurve konstant gehalten. Zum Beispiel nehmen wir nicht für einzelne Biergläser meine MZB *heute*, da mein Durst heute vielleicht deutlich größer ist als beim letzten Mal, als wir die Tabelle erstellt haben. Der Durstgrad wird also konstant gehalten."

„So ist es! Das ist eben unser allereinfachstes Modell! Üblich ist eigentlich meist, an die vertikale Achse die Größe zu schreiben, die die Folge der Größe ist, die an der horizontalen Achse steht. Da die geistige Leistungsfähigkeit eine Folge des Bierkonsums ist, muss die Anzahl der richtig gelösten Einmaleins-Aufgaben also an die vertikale Achse geschrieben werden und die Anzahl der getrunkenen Biergläser an die horizontale Achse. Wahrscheinlich kennst du die vertikale Achse auch unter dem Namen *Y-Achse* und die horizontale Achse unter dem Namen *X-Achse*. Üblicherweise gilt: Y hängt von X ab. Die Ökonomen haben aber bei ihrer bekanntesten Grafik, dem Markt-Diagramm, das Nachfrage und Angebot in Abhängigkeit vom Preis darstellt, aus mir unerfindlichen Gründen das Ganze genau anders herum gehandhabt. Sie haben die Ursache an die vertikale Achse geschrieben und die Folge an die horizontale. Daher sieht unser Achsen-System, in das wir deine Nachfragekurve hinein zeichnen, so aus:"

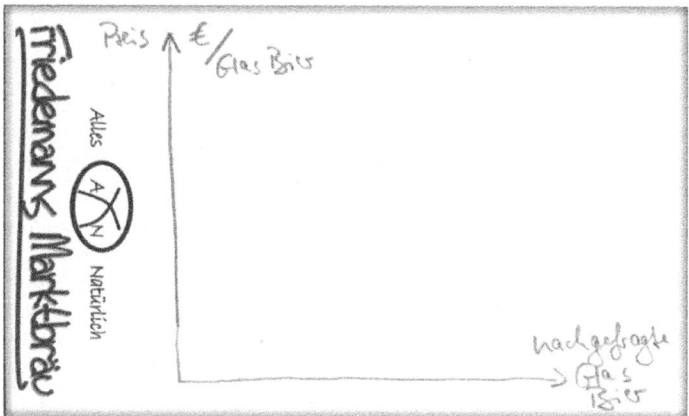

„Eben typisch Ökonomen! Warum denn Konventionen folgen, wenn man die Leute auch verwirren kann!", ereifert sich Meinhard.

„Lästere nicht, sondern sag mir lieber, wie viele Glas Bier, du auf der Basis deiner Tabelle mit deinen MZB bei einem Preis von zehn Euro nachfragst!"

„Nicht einmal mein großer Durst vom letzten Abend hier bei Friedemann würde mich veranlassen, ein Bier zu kaufen. Da mein Maximalgebot für das erste Bier sechs Euro beträgt, müsste der Preis also sechs Euro oder weniger betragen, damit ich mindestens ein Bier kaufe."

Johanna nimmt einen Stift und zeichnet:

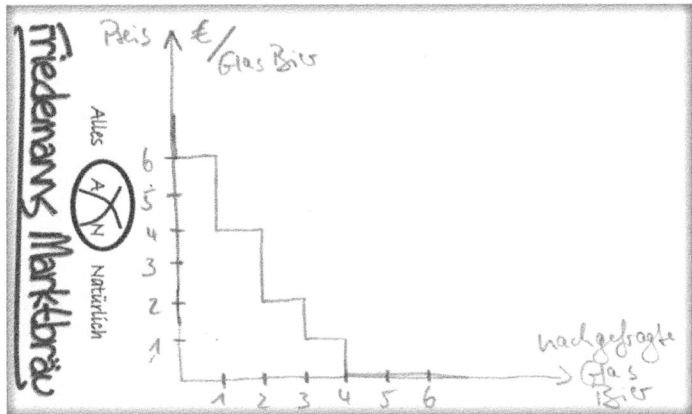

„So, bei einem Preis von über sechs Euro möchte Nachfrager Meinhard null Glas Bier. Die Nachfragekurve fällt daher zusammen mit der Preis-Achse. Ab einem Preis von sechs fragst du dein erstes Bier nach – so ist die MZB ja definiert. Bis zu einem Preis von vier bleibt deine Nachfragemenge konstant, weil du für dein zweites Bier ja höchstens vier Euro ausgeben willst. Dann steigt deine Nachfrage auf zwei Bier, ab einem Preis von zwei Euro auf drei Bier und bei einem Preis von einem Euro auf vier Bier. Wir bekommen also eine solche stufenförmige Nachfragekurve für dich."

„Warum denn eine Treppe?"

„Das liegt daran, dass Friedemann nur ganz gefüllte Biergläser verkauft. Du kannst hier also nicht, wie zum Beispiel in Bamberg, nur teilweise gefüllte Gläser bekommen.[1] Aber wären zum Beispiel auch halbe Biere möglich, dann müssten wir die Einheiten auf der Mengen-Achse ändern und hätten wieder nur eine Treppe. Wichtig ist, dass du folgendes erkennst: Deine Nachfragekurve ist nichts anderes als die ins Bildliche übertragene Information aus deinen Maximalen Zahlungsbereitschaften MZB. Die Information über den Zusammenhang der von dir nachgefragten Anzahl an Gläsern Bier haben wir bereits komplett in der Tabelle deiner MZB, die Zeichnung ist nur eine andere Art, dieselbe Information darzustellen. Hinter der Nachfragekurve steckt deine MZB und weil hinter deiner MZB deine Präferenz und deine Zahlungsfähigkeit stecken, stecken damit hinter deiner Nachfragekurve letztlich deine Präferenz für das Produkt und auch deine Zahlungsfähigkeit."

---

[1]   Hier eine touristische Information: Der Bamberger ruft, wenn er so etwas wünscht, „An Schnidd!" aus.

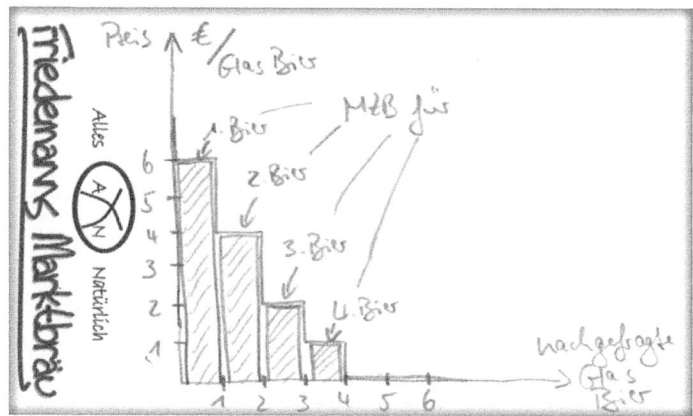

„Lass mich mal resümieren: Wir haben jetzt aus den Informationen über meine maximalen Zahlungsbereitschaften eine Grafik entwickelt, die mir für einen beliebigen Preis die von mir zu diesem Preis nachgefragte Menge an Gläsern Bier angibt. Dazu muss ich, wenn ich wissen will, wie viel Glas Bier ich etwa zum Preis von einem Euro 90 nachfrage, eine Preislinie in die Grafik einzeichnen, die parallel zur Bier-Achse, also horizontal verläuft. Wo diese Preislinie die Nachfragekurve schneidet, kann ich auf der Bier-Achse die von mir zu diesem Preis nachgefragte Menge an Bier ablesen. Kannst du mir mal den Stift geben?"

Meinhard zeichnet die Preislinie mit etwas unruhiger Hand ein.

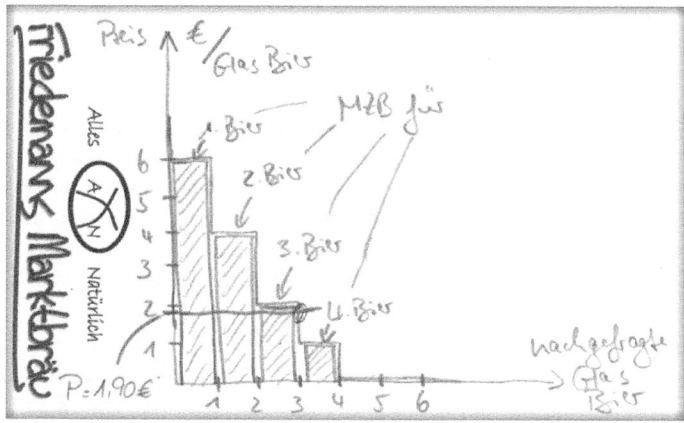

„Drei Bier …", sagt er, „das war meine nachgefragte Menge beim letzten Mal, als du mir das vierte Bier nicht spendieren wolltest. Wolltest du mir nicht übrigens stattdessen heute mein erstes Glas spendieren?"

„Ich habe den Kellner schon gebeten, es auf meinen Deckel zu schreiben – siehst du, hier?", sagt Johanna. „Womit wir bei meiner Bier-Nachfrage wären. Kannst du nicht zur Übung mal versuchen, meine Nachfragekurve zu zeichnen, natürlich auch die vom letzten Mal?"

Sie legt Meinhard die Tabelle vor.

„OK. Also bei einem Preis über fünf Euro nimmst du gar kein Bier – daher verläuft deine Nachfragekurve bis zu diesem Preis entlang der Preis-Achse. Wenn ich eine Preislinie bei zum Beispiel sechs Euro einzeichne, erhalte ich dann als nachgefragte Menge ..."

„... Null. Ganz recht. fünf Euro und ein Cent ist mein *Prohibitivpreis*, der Preis, bei dem ich gerade nichts mehr nachfrage. Sinkt der Preis auch nur um einen Cent, ist die nachgefragte Menge nicht mehr Null."

„Ab fünf Euro und ein Cent herrscht für dich Prohibition, sozusagen, Bier-Verbot durch die MZB!"

Johanna staunt manchmal nicht schlecht über die Schlagfertigkeit ihres Schülers. Aber Meinhard ist bereits dabei, seine Zeichnung zu Ende zu bringen. Sie sieht am Ende so aus:

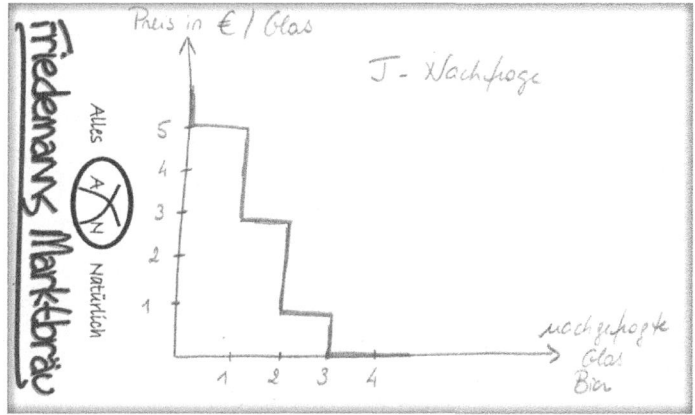

„Wenn es Freibier gibt, dann trinkst du drei Bier, nicht mehr. Ab einem Preis von Null ist die Preislinie identisch mit der Bier-Achse und deine Nachfrage-‚Kurve', die ja wieder eher eine Nachfrage-Treppe ist, schneidet die Bier-Achse bei drei Gläsern."

Johanna übernimmt:

„Dann bin ich es satt, Bier zu trinken – deswegen ist die Menge von drei Glas Bier auch meine sogenannte *Sättigungsmenge* an Bier. Jedenfalls war sie es beim letzten Mal, als wir die Tabelle erstellt haben, auf deren Grundlage du meine Nachfragekurve oder eben -treppe, wenn dir das lieber ist, gezeichnet hast. So und nun kommt der etwas schwierigere nächste Schritt, wir fassen deine und meine Bier-Nachfrage zusammen zur Nachfrage des zweiten Tischs rechts vom Eingang und zeichnen eine entsprechende Grafik dafür. Wie würdest du beginnen?"

„Wir kennen bereits den Prohibitivpreis und die Sättigungsmenge dieser *J und M-Nachfrage*! Wenn es Freibier gibt, trinken wir gemeinsam insgesamt sieben Glas Bier, du drei ich vier. Und wenn wir den Prohibitivpreis wissen wollen, dann müssen wir nur gucken, wer von uns beiden die größte MZB hat. Das bin ich mit sechs Euro und damit ist der Prohibitivpreis unserer gemeinsamen Nachfrage identisch mit meinem Prohibitivpreis von sechs Euro und einen Cent. Du mit deiner vergleichsweise schwachen Bierpräferenz zählst nicht für den Prohibitivpreis!"

„Aber es dauert nicht lange, bis ich anfange, meine Präferenz spürbar zu machen, wenn wir den Preis weiter senken! Du bekommst zwar mit sechs Euro MZB sicher den Zuschlag, wenn es nur ein Bier zu versteigern gibt, aber bereits das zweite Bier geht an mich, denn ich habe für mein erstes Bier eine größere MZB als du für dein zweites!"

Meinhard greift sich einen Zettel und beginnt zu zeichnen und kommentiert seine Zeichnung:

„Wir kommen also vom Prohibitivpreis und senken den Preis immer mehr. So. Dann habe ich also die stärkere Zahlungsbereitschaft für mein erstes Bier und die erste Säule hier nennen wir mal M1, für ‚Meinhards erstes Bier[2]‘. Dann kommst als nächstes du an die Reihe mit deinem ersten Bier und der zweiten Säule unserer Gesamtnachfrage, J1. Dann komme wieder ich, M2, und dann..."

Meinhard vervollständigt das Bild, das nach Fertigstellung so aussieht:

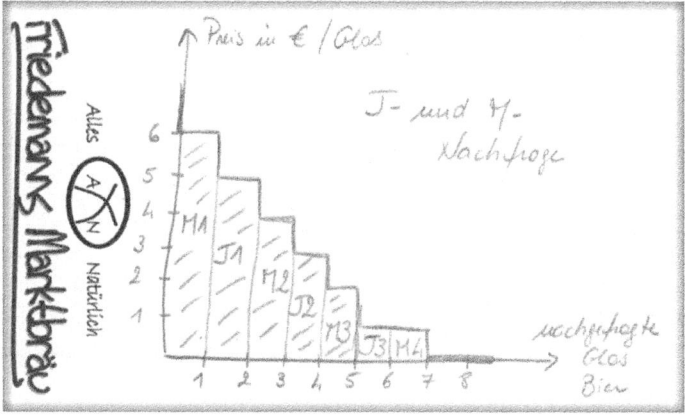

---

[2] Wir befinden uns hier in der *Mikro*ökonomik. In der *Makro*ökonomik wäre M1 nur bedingt mit dem Bier oder mit Meinhard in Verbindung zu bringen.

„Alles, was wir machen müssen, um unserer Bier-Gesamtnachfrage zu bekommen, ist letztlich, die MZBen nach ihrer Größe zu sortieren und auf der Mengen-Achse abzutragen. Wie du siehst, haben wir wieder eine Treppe, aber diesmal sind die Stufen nicht mehr so breit. Wenn wir uns die Mühe machen würden, MZB-Tabellen für alle Kneipen dieser Stadt zu erstellen und dann anschließend die Biernachfrage für die Stadt ermitteln würden, dann würden die kleinen Treppenstufen in der Grafik nicht mehr sichtbar sein und wir würden eine Linie erhalten, die vielleicht so aussehen würde..."

Johanna greift sich ein erneut den Rechnungsblock.

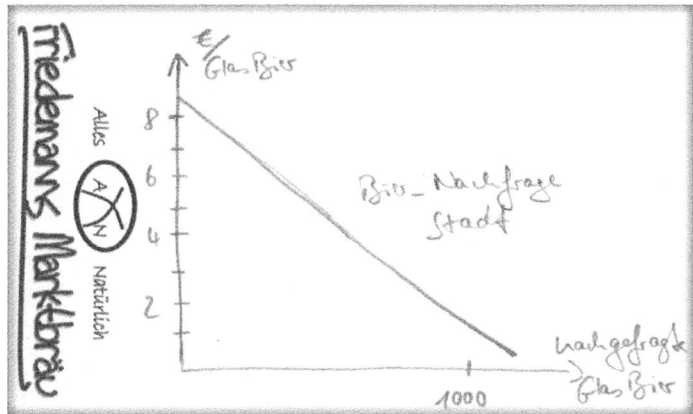

„Angenommen wir würden ein Mikroskop auf einen Ausschnitt der Linie richten, dann würden wir wieder das Treppen-Bild erhalten." Sie zeichnet den Blick durch das Mikroskop-Okular auf. „Oha, wen haben wir denn da?"

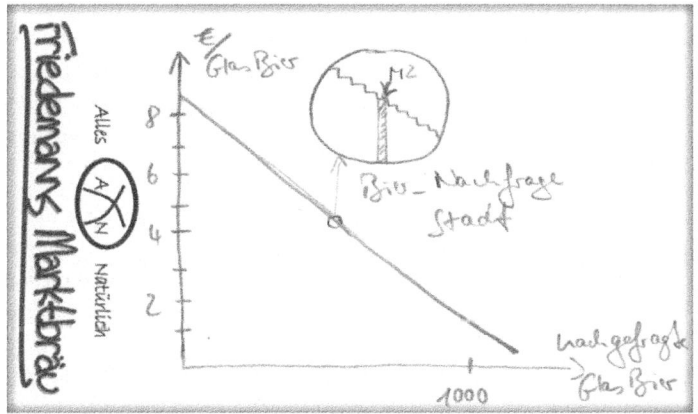

„Voyeurin!" wendet Meinhard gegen den Eingriff in seine Privatsphäre ein.

„Statt mich ebenso lauthals wie grundlos zu beschimpfen, könntest du einmal versuchen, mir zu erklären, wie man bei einer solchen Nachfragekurve mit vielen Nachfragern und nachgefragten Einheiten des jeweiligen Gutes, die Konsumentenrente bestimmen kann!" fordert Johanna.

Meinhard lässt sich den Stift geben.

„Gut, also hier haben wir zunächst mal unsere Nachfragelinie. Dann brauchen wir natürlich noch einen Preis, nehmen wir mal den Preis von zwei Euro, 1,90 ist mir jetzt zu kniffelig. Wir zeichnen eine Preislinie, genau wie bei der Nachfragetreppe..."

Er beugt sich über das Blatt des Rechnungsblocks.

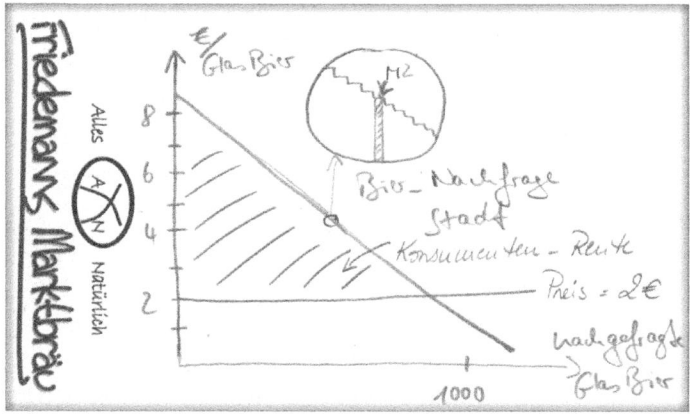

„...dann müssen wir noch bedenken, dass die klitzekleinen Balken mit den MZBen jetzt so eng nebeneinander stehen, dass wir keine Treppe, sondern eine Linie sehen. Einzeichnen können wir die klitzekleinen Balkenreste über der Preislinie aber ziemlich leicht: Die Konsumentenrente ist dann in der Grafik einfach die Fläche zwischen der Nachfragekurve und der Preislinie, von der Nachfragemenge Null bis zum Schnittpunkt der beiden, also der nachgefragten Menge bei zwei Euro. Das schraffierte Dreieck auf unserem Zettel misst damit den Nettospaß der Biertrinker insgesamt: So viel würde den Biertrinkern fehlen, wenn es den Biermarkt nicht gäbe."

„Ganz recht! Oder anders formuliert: Das ist, in Euro ausgedrückt, der Beitrag der Brauereien in Zusammenarbeit mit den Gastronomen zum Wohl der Biertrinker unter den Gesellschaftsmitgliedern: So viel in Euro bescheren die Produzenten den Konsumenten. Wir können diesen Betrag für unser Beispiel sogar quantifizieren: Nehmen wir mal an, die konsumierte Menge beläuft sich auf 900 Bier und der Prohibitivpreis liegt bei neun Euro. Dann beträgt die *Konsumentenrente* hier 900 mal sieben geteilt durch zwei gleich 3150 Euro. Denn das ist die Fläche des Dreiecks, das ja der Hälfte des Rechtecks entspricht, das zwischen dem Preis zwei, dem Preis neun und der Menge 900 aufgespannt ist."

Meinhard prostet Johanna zu:

„Auf die soziale Funktion der Brauereien und Gastronomen – bei Friedemann in Personalunion!", knüpft Meinhard an ein bereits bekanntes Prosit-Motiv an.[3]

„Ein doppeltes Prosit auf Friedemann!" pflichtet ihm Johanna bei.

---

[3] Siehe Ende Kapitel 2!

Der 4. Abend: Fast Food und Slow Food

Hitzewellen, Schlagzeilen und andere Ereignisse

Meinhard wirft seine Tasche mit den Sport-Utensilien auf die Bank und setzt sich. Er war im Sportverein und hat nach dem Training noch zwei Gänge in der Sauna hinter sich gebracht. Jetzt ist er ein wenig dehydriert...

„Mensch, hab ich einen Durst heute abend!"

„Na, da hat sich deine Nachfragekurve nach Bier wahrscheinlich ganz schön stark nach Nord-Ost verschoben!", begrüßt ihn Johanna und hat damit wieder prompt jenen Gesichtsausdruck bei Meinhard ausgelöst, über den sie sich so amüsieren kann. So eine Mischung aus Fassungslosigkeit, Überraschung und Neugierde, jedenfalls ein seltenes Spektakel der Gesichtsmuskulatur.

„Lass mich erstmal ordern, bevor du mir das erklärst. Wie gesagt, es eilt!"

Meinhard winkt in Richtung Theke, wo heute Friedemann an der Zapfsäule steht und gerade mit einer besonders imposanten Krone beschäftigt ist.

„Erinnerst du dich noch an die Regel, alles übrige unverändert zu lassen, wenn du dir den Einfluss von etwas auf etwas anschaust?", beginnt Johanna.

„Du meinst diese, äh, *Ketzer ist im Paris-Bus-Annahme*?"

„Sehr witzig! Ja, ich meine diese *ceteris paribus-Annahme*! Wenn du schon *solche* Merkhilfen brauchst, dann will ich lieber mit den lateinischen Fachbegriffen etwas sparsamer sein!", droht Johanna.

„OK, ich mäßige mich!", verspricht Meinhard. „Was hat es denn damit auf sich?"

Johanna ist vom Versprechen der Mäßigung beschwichtigt.

„Also: Als wir die Nachfragekurve gezeichnet haben, da haben wir so getan, als würde die nachgefragte Menge nur vom Preis abhängen. Das ist aber natürlich nicht der Fall. Es gibt noch eine ganze Reihe weiterer Einflüsse auf deine Biernachfrage, die wir aber konstant halten, wenn wir deine Nachfragekurve zeichnen. Nun bedeutet das aber nicht, dass wir Änderungen bei diesen Einflussfaktoren nicht im Rahmen der Nachfragekurve berücksichtigen könnten. Am besten, du merkst dir das so: Wenn sich *nur, allein und ausschließlich* der Preis ändert, dann bewegst du dich *entlang der Nachfragekurve* zu einem neuen Punkt mit einer neuen nachgefragten Menge, etwa so: Hier hast du beim Preis p1 eine nachgefragte Bier-Menge von b1. Wenn der Preis auf p2 fällt, dann steigt die nachgefragte Bier-Menge von b1 auf b2. Wir bewegen uns *entlang der Nachfragekurve* von Punkt 1 nach Punkt 2."

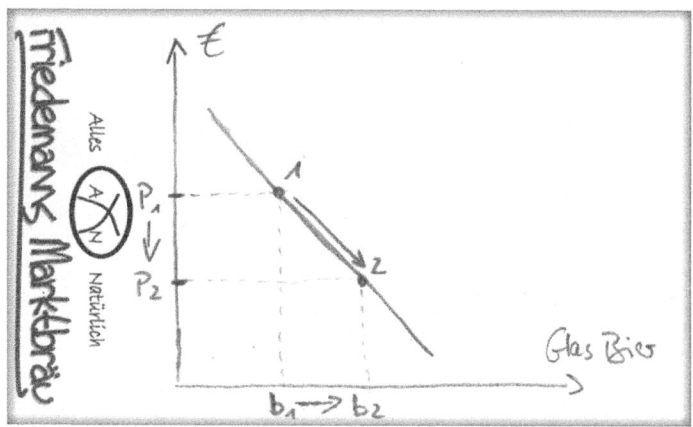

Johanna hebt den Zeigefinger:

„Ausnahmsweise geht es einmal penibel um die Begriffe. Du musst wirklich auf jedes Wort achten! Bei Preisänderungen also *ändert sich die nachgefragte Menge* entsprechend der Nachfragekurve. Wenn sich jetzt aber ein anderer Einflussfaktor von Bedeutung für deine Biernachfrage ändert, etwa der Durst, dann bekommst du eine *neue, andere* Nachfragekurve, nun also *ändert sich die Nachfrage* insgesamt und es verschiebt sich daher deine Nachfragekurve. Solche anderen Einflussfaktoren außer dem Preis sind neben deinem Durst andere Präferenzkomponenten, wie etwa die Folgen eines Katers – dann willst du vielleicht bei gleichem Preis weniger Bier trinken, oder aber das Einsetzen von Alkoholismus – dann willst du vielleicht in Folge der Sucht bei gleichem Preis mehr Bier trinken. Oder aber deine Zahlungsbereitschaft ändert sich, weil sich wegen eines höheren Einkommens deine Zahlungsfähigkeit ändert. Und es gibt drittens interessanterweise auch den Einfluss von Preisen anderer Güter, die mit dem Bier irgendwie zusammen hängen! Überleg mal: Du isst doch immer Bretzeln mit deinem Bier. Wenn jetzt die Bretzeln billiger werden, dann wird dein Bier-Bretzel-Paket erschwinglicher, das du gerne zusammen konsumierst und du fragst daher auch mehr Bier[1] nach. Oder eine Alternative zum Bier, etwa der von dir sicherlich auch geschätzte Prosecco, wird wegen einer Werbeaktion sehr viel günstiger angeboten und du fragst deswegen weniger Bier nach, weil du dir vielleicht nun lieber einen kleinen Prosecco genehmigst."

---

[1]   Hier eine Buchempfehlung: „Mehr Bier", ein spannender Krimi von Jakob Arjouni.

„Können wir das mal ein wenig ordnen?", fordert Meinhard, der gerne eine Erinnerungsstütze hätte.

Johanna hat sich den Rechnungsblock genommen.

„OK, pass auf, hier auf dem Zettel schreib ich dir die Einflussfaktoren auf die Nachfrage, die es neben dem Preis gibt, in eine kleine Liste. Die kannst du dann mitnehmen und unter dein Kissen legen, damit sich diese wichtige Sache im Schlaf in dein Gehirn schleicht!"

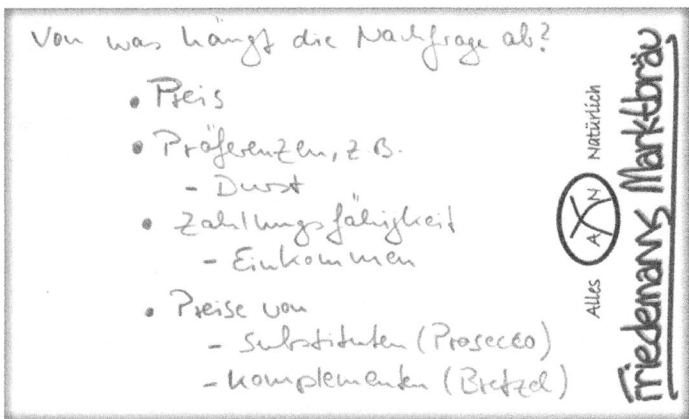

„Im Grunde ist es aber ganz einfach: Du hast gesehen, dass deine Nachfragekurve von deiner maximalen Zahlungsbereitschaft her kommt. Wenn sich der Preis ändert, ändern sich nicht deine Zahlungsbereitschaft, sondern höchstens deine Entscheidung, ob du kaufst oder nicht. Daher bleibt die Nachfragekurve bei Preisänderungen dort, wo sie ist, und du bewegst dich an ihr entlang – wir haben eine Änderung *der nachgefragten Menge*. Wenn sich aber etwas von Einfluss auf deine Zahlungsbereitschaft ändert, also einer von den anderen Faktoren, nämlich Präferenzen, Zahlungsfähigkeit und Preise von Substituten oder Komplementen, dann musst du eine neue Nachfragekurve zeichnen, es *ändert sich die Nachfrage* selbst und die Kurve verschiebt sich. Wenn der Preis gleich bleibt, dann ändert sich damit auch die nachgefragte Menge, aber nur als Folge der neuen Nachfrage."

Nun greift Meinhard selbst zum Stift.

„Ich will mal versuchen, das zeichnerisch umzusetzen! Das hier ist also die Biernachfrage. Wir geben ihr den Namen ‚N'."

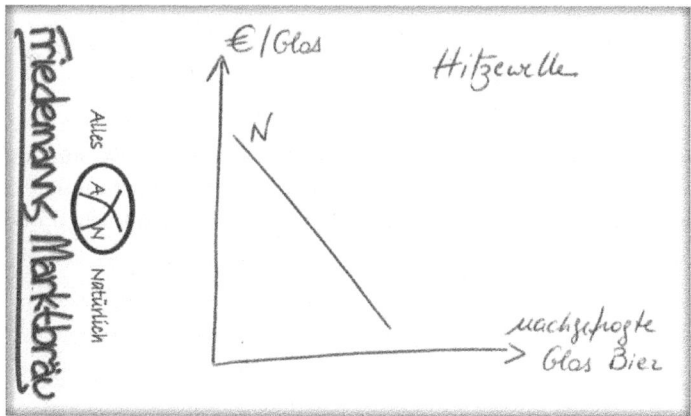

Meinhard denkt laut nach und zeichnet dabei:

„Nun ändert sich infolge einer Hitzewelle oder infolge einer um sich greifenden Saunabewegung der Durst in der Bevölkerung – er steigt, um genau zu sein. Damit wird die Getränkepräferenz im Allgemeinen und auch die Bierpräferenz im Besonderen gestärkt – die Zahlungsbereitschaft steigt. Aha, jetzt verstehe ich: In der Tat verschiebt sich die Nachfragekurve für Bier nach oben. Wir bekommen eine neue Nachfragekurve namens N' weiter oberhalb der vorhergehenden. Hier ist sie!"

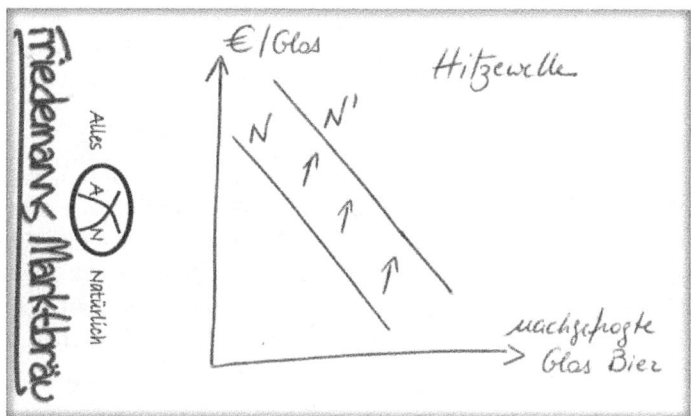

Johanna nimmt ein neues Blatt vom Rechnungsblock, zeichnet die Nachfragekurve abermals auf und fordert Meinhard heraus:

„Lass uns mal ein wenig trainieren! Was geschieht mit der Biernachfrage, wenn die BLÖD-Zeitung folgende Schlagzeile veröffentlicht: ‚Studie belegt: Biertrinker leben länger'?"

„OK, mal Schritt für Schritt: Es dürften die Präferenzen der Leser betroffen sein, die – falls sie dem Artikel Glauben schenken – davon ausgehen werden, dass sie sich mit Bierkonsum etwas Gutes tun. Daher wird die Zahlungsbereitschaft für Bier ansteigen und die Nachfragekurve wird sich nach oben verschieben. Etwa so:"

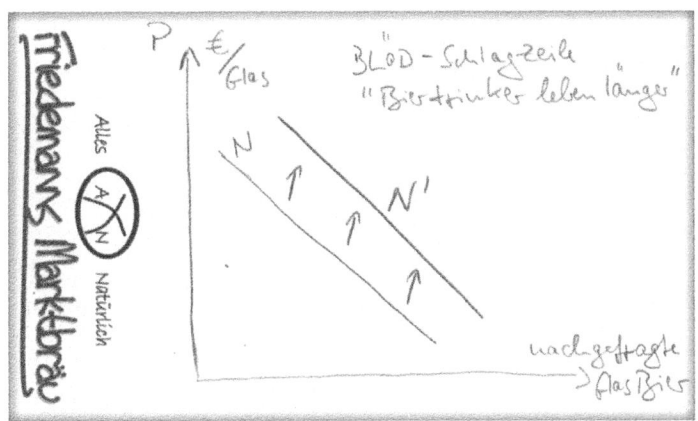

Johanna ist zufrieden.

„Sehr schön! Nun etwas Schwierigeres, damit du auch mal gefordert wirst: Eine Studie der Marktforschung belegt, dass Biertrinker sehr häufig Salzstangen zum Bier essen. Die Salzstangen-Hersteller wittern ein Geschäft und erhöhen ihre Preise."

Meinhard vertieft sich kurz in Johannas Liste der Einflussfaktoren.

„Hier ändert sich der Preis eines, wie hast du das nochmal genannt, ach hier, also: der Preis eines Komplements ändert sich. Bier und Salzstangen werden gemeinsam konsumiert. Wenn jetzt die Salzstangen teurer werden, dann wird das Konsumpaket ‚Bier und Salzstangen' teurer und daher geht die Zahlungsbereitschaft für Bier zurück. Die Nachfrage nach Bier verschiebt sich nach unten!"

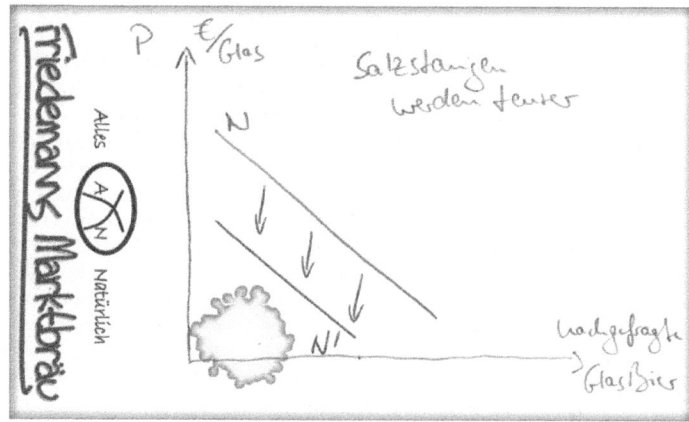

Johanna stellt das Ende der Kurvenverschieberei in Aussicht:

„Und ein letztes Übungsbeispiel: Das Einkommen steigt."[2]

Wieder kann Meinhard durch einfache Logik die Verschiebungsrichtung ermitteln.

„Die Zahlungs*fähigkeit* steigt mit dem steigenden Einkommen. Eine höhere Zahlungs-*fähigkeit* bedeutet aber wohl eine höhere Zahlungs*bereitschaft*. Daher wird sich die Biernachfrage vermutlich wieder nach oben verschieben."

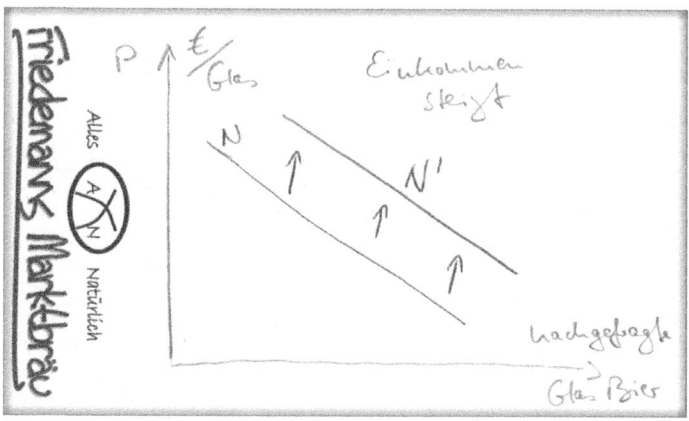

---

[2] Der geneigte Leser kann sein Verständnis testen, indem er versucht, zeichnend folgende Szenarien zu durchdenken:
(1) Der Prosecco-Preis steigt wegen ertragsarmer Weinernten.
(2) Eine wissenschaftliche Untersuchung wird publiziert, die einen Zusammenhang von Haarausfall und Biergenuss nachweist.

„Gebongt! Wobei du allerdings annimmst, dass es sich beim Bier um ein sogenanntes *normales Gut* handelt."

Meinhard ist irritiert! Er fragt nach:

„Gibt es denn dann im Umkehrschluss auch anormale oder möglicherweise gar perverse Güter?"

„Das gerade nicht, aber es gibt sogenannte *inferiore Güter*. Das sind Güter die bei steigendem Einkommen nicht mehr, sondern weniger nachgefragt werden, weil sie durch höherwertige Substitute ersetzt werden. Vielleicht führt steigendes Einkommen ja wirklich dazu, dass die Leute sich eher mal einen Champagner bestellen und deswegen weniger Bier trinken. Ich würde, glaube ich, so wie du auch getrost davon ausgehen, dass Bier kein *inferiores Gut* ist. Aber es wäre eine interessante Frage für die Biermarktforschung! Ein zutreffendes Beispiel für ein inferiores Gut ist *Fast Food* – wenn du ein höheres Einkommen hast, gehst du eher zu *Slow Food*[3] in ein Restaurant zum Mittagstisch, statt dir mit Frittiertem den Magen zu verderben."

---

[3] Es gibt eine Organisation diesen Namens, die sich um kulinarische Präferenzen verdient macht: http://www.slowfood.de/

Der 5. Abend: Kniffel-Spiel und politischer Diskurs

Meinhard lernt etwas über verpasste Gelegenheiten

Meinhard ist dabei, Johanna über die Ereignisse des Vortags zu informieren. Er hatte sich vorgenommen, Spanisch zu lernen und einen Gitarrenkurs zu besuchen. Beim Versuch, die beiden Kurse an der Volkshochschule zu belegen, wurde er allerdings über eine Verlegung des Gitarrenkurses ins Bild gesetzt – just auf den Abend, an dem auch der Spanischkurs stattfinden soll.

„Da hatte ich wirklich die Qual der Wahl! Zu blöd – warum können die nur nicht bei ihrer ursprünglichen Planung bleiben? Es hätte so schön gepasst: Dienstags der Spanischkurs und donnerstags dann der Gitarrenkurs. Jetzt hab ich halt schweren Herzens den Gitarrenkurs bleiben lassen – schließlich will ich im Sommer eine Rundreise durch Andalusien machen."

„Na, ob du dann nicht mit ein paar rudimentären Flamenco-Fertigkeiten noch besser mit den Südspaniern kommuniziert hättest?", stichelt Johanna.

„Ich glaube kaum – über ein bestenfalls belächelbares Niveau wäre ich in der kurzen Zeit kaum hinausgekommen. Du solltest dir mal einen auch nur mittelmäßigen Flamenco-Gitarristen anhören! Dafür muss unsereiner mindestens zehn Jahre üben. Da versuche ich lieber, wenigstens flirtfähig im Spanischen zu werden! Der Kurs an der VHS ist auch gar nicht so teuer, ich habe 120 Euro dafür bezahlt."

Johanna unterbricht Meinhard:

„Ha! Da haben wir ihn wieder, den klassischen Fehler bei der Kostenrechnung. Du unterschlägst den wichtigsten Kostenbestandteil! In Wirklichkeit kostet dich der Spanischkurs neben den 120 Euro, die du als naiver Buchhalter dafür veranschlagst, eben auch den Gitarrenkurs! Du bezahlst für deine, so wie ich dich einschätze jedenfalls, ganz vorzeigbaren Spanischkenntnisse, die du dir im Kurs erwirbst, auch mit den Gitarrefertigkeiten, die du nun – wenigstens an der VHS – *nicht* erwerben kannst. Der erfolgreiche Dialog an der Bar in Cordoba hat dich gestern E-Moll, C-Dur und die anderen Lagerfeuerakkorde gekostet, die du im Gitarrenkurs gelernt hattest."

Meinhard rechtfertigt sich:

„So kannst du das doch nicht sehen! Dann müsste ich doch auch all die anderen Dinge, die ich nun am Dienstag nicht machen kann, weil ich im Spanischkurs sitze, als Kosten werten! Und dann wäre der Spanischkurs verdammt teuer gewesen!"

„Halt, halt. Du verzichtest doch nicht auf *alle* anderen Gelegenheiten gleichzeitig, die du am Dienstag gehabt hättest, sondern nur jeweils auf die für dich nächstbeste! Die du also gewählt hättest, wenn es den Spanischkurs als beste Gelegenheit nicht gegeben hätte – in deinem Fall offenbar der Gitarrenkurs. Und der ist zweifellos ein Kostenbestandteil. Oder wie willst du etwas sonst nennen, das du gehabt hättest, wenn du den Spanischkurs nicht gewählt hättest? Etwas, das du haben kannst, worauf du aber für etwas anderes verzichtest, solltest du immer zu den Kosten dessen rechnen, für das du dich schließlich entscheidest. Für die erstbeste Gelegenheit bezahlst du deswegen auch immer mit der zweitbesten Gelegenheit – merk dir das mal für deine Flirtvorhaben in Andalusien!"

„Du meinst, der Spanischkurs kostet mich nicht nur 120 Euro, sondern auch den Besuch des Gitarrenkurses?"

„Na klar! Überleg doch mal: Du wirst von mir ins Kino eingeladen. Du kommst aber nicht mit, weil du nämlich am gleichen Abend zu einem Konzert der ‚Öligen Stullen' gehen willst. Wenn du nur deine buchhalterischen Kosten vergleichst, müsstest du eigentlich sagen: Kino kostet mich nix, das Konzert kostet mich 30 Euro – also gehe ich ins Kino. Aber natürlich rechnest du nicht so. Du sagst dir: Wenn ich mit Johanna ins Kino gehe, dann könnte ich nicht zum Konzert. Der Konzertbesuch ist mir aber so viel wert, dass der Kinobesuch mit Johanna prohibitiv hohe Kosten hätte! Also gehe ich nicht mit Johanna ins Kino. Oder nimm ein anderes Beispiel: Du hast ein Buch geschenkt bekommen. Wenn es dich nicht besonders interessiert, dann liest du das doch wahrscheinlich trotz des Preises von Null nicht. Nur weil du für das Buch nichts bezahlt hast, hast du deswegen noch lange keine Kosten für die Lektüre des Buches. In Wahrheit sind die nämlich sehr hoch, denn du bezahlst dafür mit all den Dingen, die du in der Zeit hättest tun können, die du nun mit dem Lesen des Buches verbringst!"

„Ich bezahle also immer mit verpassten Gelegenheiten!"

„So ist es. Und Gelegenheit heißt auf Spanisch übrigens „la oportunidad", weswegen es einen doppelten Ertrag für dich bringt, wenn du dir merkst, dass Kosten immer als *Opportunitätskosten* berechnet werden sollen. Du liest doch gerne Science Fiction-Romane - kennst du vielleicht *The Moon is a Harsh Mistress* von Robert A. Heinlein, dem Starship Trooper- Autor?", erkundigt sich Johanna.

„Ich hab es auf Deutsch gelesen – da heißt das Buch *Revolte auf Luna*", bestätigt Meinhard die Vermutung seiner Freundin.

„Na dann kennst du doch das famose *TANSTAAFL-Prinzip* – There ain't no such thing as a free lunch oder in deiner Ausgabe vermutlich EGKGME-Prinzip – Es gibt kein Gratis-Mittag-Essen: Selbst wenn du von mir zum Mittagessen eingeladen wirst, ist das nicht ohne Kosten für dich, weil du nämlich zumindest deine Zeit dafür opferst und damit auch eine andere Verwendung deiner Zeit – etwa für das Erweitern des Spanisch-Vokabulars. Wenn du eigentlich vorhattest, Vokabeln zu lernen, dann kostet dich das Mittagessen bei mir die dadurch verpasste Gelegenheit zum Vokabellernen. TANSTAAFL!"

„Wir sollten das Friedemann mal sagen, wenn er zu später Stunde mal wieder eine Runde Freibier ausgibt: TANSTAAFB! There ain't no such thing as a free beer! Der würde ganz hübsch aus der Wäsche schauen!"

„Und uns vielleicht vom großzügigen Angebot ausschließen! Ich hoffe jedenfalls, dass er bei seiner Kostenrechnung in Opportunitätskosten rechnet und zum Beispiel das Gehalt als Kosten veranschlagt, das er als Angestellter verdienen würde, wenn er die Kneipe und die Brauerei nicht hätte. Wenn ein Geschäftsinhaber nicht in Opportunitätskosten rechnet, dann kommen Gewinne raus, wo eigentlich Verluste entstehen. Lass uns mal zur Illustration ein Zahlenbeispiel machen: Du besitzt ein Ladengeschäft in bester Lage in der Innenstadt und verkaufst dort Haushaltswaren. Wenn du von deinem Umsatz alle Ausgaben für die Ware, die Angestellten, die Heizung und so weiter abziehst, bleibt dir ein stattlicher Betrag von 100.000 Euro. Du könntest das Ladengeschäft aber auch an einen Luxus-Juwelier verpachten, der dir die ortsübliche Miete von 10.000 Euro pro Monat dafür bezahlen würde. Außerdem könntest du für 60.000 Euro netto im Jahr Angestellter in einer Haushaltswaren-Abteilung eines Kaufhauses sein. Diese beiden Positionen solltest du nicht vergessen. Denn nur wenn du sie in deine Kalkulation einbeziehst, wird klar, dass du das Ladengeschäft nicht weiter selbst betreiben solltest, denn du würdest einen *Verlust* von 80.000 Euro machen – im Vergleich zur anderen Gelegenheit, nämlich Vermietung des Ladengeschäftes und Arbeit als Angestellter, stündest du am Ende des Jahres mit 100.000 Euro um 80.000 Euro schlechter da, als bei Vermietung und Angestelltentätigkeit mit 180.000 Euro.[1]"

Meinhard resümiert:

„Nicht was ich habe und nachher nicht mehr habe, zählt also bei dieser Betrachtung, sondern was ich einerseits haben könnte und andererseits stattdessen haben könnte. Je attraktiver meine Alternativen, desto höher die Kosten meiner Wahl-Alternative. Dann ist es ja eigentlich schlecht, wenn ich attraktive Alternativen habe, weil dann meine Opportunitätskosten steigen."

„Es macht zumindest den Entscheidungsprozess schwerer, weil bei attraktiven Alternativen wohl und gewissenhaft erwogen werden will, während bei einer eindeutig und mit weitem Abstand besten Alternative relativ leicht entschieden werden kann! Aber ob du wirklich mit der Alternative *Bockwurst mit Brötchen oder Scheibe Knäckebrot* besser dran bist, nur weil dir die Entscheidung leichter fällt, als etwa bei der Alternative *Hummer Bretagne oder Meerbrasse Royal*, wage ich zu bezweifeln! Ich habe mir

---

[1]   Wenn es einem natürlich für 80.000 Euro pro Jahr Spaß macht, ein solches Ladengeschäft zu betreiben (angesichts der Alternative, als Angestellter zu arbeiten), dann ist es wieder rational, es zu tun!

manchmal übrigens schon gedacht, dass es eine wettbewerbsfähige Alternative zur klassischen Hölle mit ihrem Feuer und Geheul wäre, wenn es einfach nur der Ort wäre, meinetwegen mit Plüsch-Sofa statt mit Feuer, an dem dir nach deinem Ableben für die Ewigkeit klar gemacht wird, welche Gelegenheiten du alle verpasst hast!"

Meinhard gibt ihr recht:

„Stimmt, das wäre wirklich ziemlich höllisch gemein!"

Johanna fährt fort:

„Hier haben wir auch wieder eine prima Gelegenheit, ein kleines Modell[2] einzusetzen, um das Konzept der Opportunitätskosten etwas besser zu verstehen. Das Modell heißt *Transformationskurve*. Du erinnerst dich doch, dass wir für Modelle so viel wie möglich weg lassen müssen. Wenn wir eine Wahlentscheidung untersuchen wollen, wie viele Alternativen brauchen wir dann mindestens?"

„Wie wäre es mit zwei? Mehr ist eigentlich nicht nötig!", schlägt Meinhard vor.

„Sehr gut! Also nehmen wir zwei Alternativen und schreiben die eine an die x-Achse und die andere an die y-Achse."

Johanna greift sich den Rechnungsblock.

„Etwa so sieht das dann aus!"

Sie erläutert dann weiter:

„Bei der Transformationskurve brauchen wir außerdem noch etwas, das eine Wahlentscheidung nötig macht. Wenn wir nicht im Schlaraffenland leben, wo Wahlentscheidungen nicht getroffen werden müssen, weil alles im Überfluss vorhanden ist, müssen

---

2   Siehe 1. Abend!

wir Knappheit berücksichtigen. Etwas, das immer und bei jedem knapp ist, ist die verfügbare Zeit. Die beträgt 24 Stunden am Tag, da kannst du machen, was du willst! So etwas nennen wir eine *Ressource*, weil wir daraus etwas machen können. Du kannst mit deiner Zeit zum Beispiel deine Spanisch-Grammatik trainieren oder Akkordwechsel auf der Gitarre üben. Beides gleichzeitig bekommen nur echte Meister des Multi-Tasking zuwege! Also musst du dich schon entscheiden. Angenommen, du kannst in zwei Stunden acht Grammatik-Übungen machen oder in der gleichen Zeit 16 Akkordwechsel-Etüden spielen. Dann können wir die daraus resultierenden Wahlmöglichkeiten in der Transformationskurve darstellen."

Meinhard schaltet sich in die Betrachtung ein.

„Lass mal sehen: Wenn ich die ganzen zwei Stunden lang Spanisch lerne, bekomme ich acht Grammatik-Übungen hin und null Akkordwechsel-Etüden. Also ist ein Punkt im Diagramm dieser hier…"

Meinhard zeichnet in die Grafik den Punkt ein, der die Verwendung der gesamten knappen Ressource Zeit für Grammatik-Übungen abbildet.

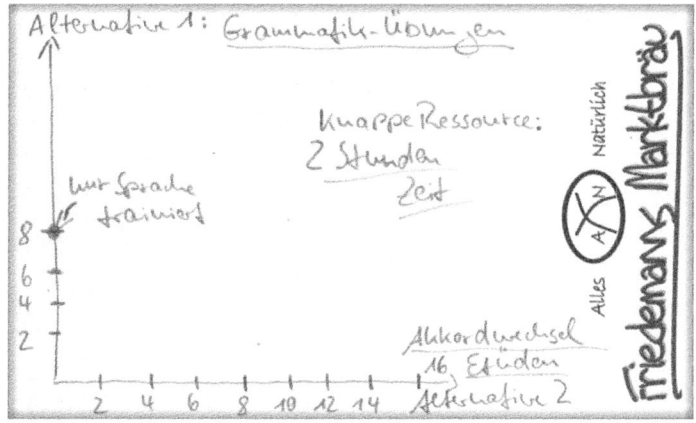

Johanna übernimmt:

„Auf der anderen Seite kannst du auch deine gesamten zwei Stunden der Gitarre widmen und hast dann 16 Akkordwechsel-Etüden gespielt und null Grammatik-Übungen gemacht. Das ergibt diesen Punkt:"

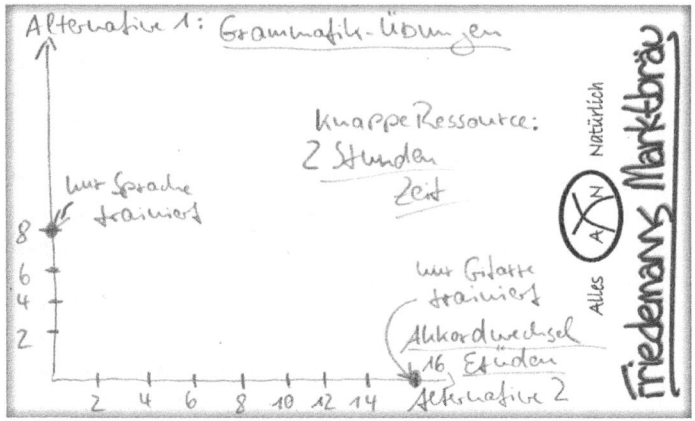

„Dann könnte ich aber auch eine Stunde Spanisch und eine Stunde Gitarre üben. Hier kommt als Resultat vier Grammatik-Übungen und acht Akkordwechsel-Etüden heraus. Oder bei einer anderen Zeitaufteilung zwei Grammatik-Übungen und zwölf Akkordetüden oder sechs Grammatik-Übungen und vier Akkordwechsel-Etüden."

Meinhard freundet sich zusehends mit dem Modell an.

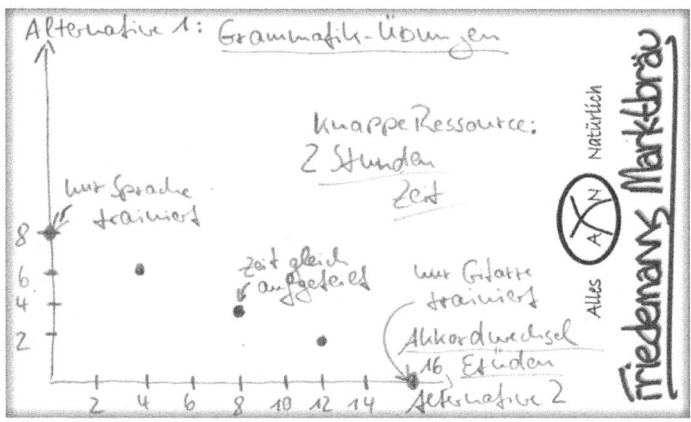

Johanna hat die entsprechenden Punkte schon in das Diagramm eingezeichnet. Sie ergänzt nun:

„Wenn auch Bruchteile von Übungen und Etüden möglich wären, dann könnten wir eine gerade Linie zeichnen und alle diese Punkte verbinden. Das ist dann die *Transformationskurve*. Sie zeigt dir alle möglichen Kombinationen von Etüden und Übungen, die du haben kannst, wenn du deine verfügbare Zeit vollständig nutzt und nicht etwa auch noch Tee trinkst oder telefonierst! Wenn du die fertigen Etüden oder Übungen als

Produkte interpretierst, leuchtet dir auch ein, warum die Transformationskurve auch *Produktionsmöglichkeitenkurve* genannt wird, denn sie zeigt dir mögliche Kombinationen von Produktionsmengen bei vollständiger Nutzung deiner knappen Ressource ,Zeit'."

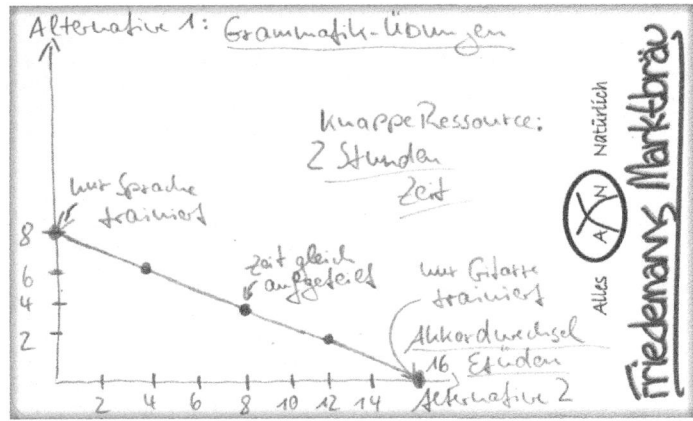

„Und der Zusammenhang mit den Opportunitätskosten ist, dass zusätzliche Gitarre-Etüden weniger Grammatik-Übungen zur Folge haben, die dann also meine Kosten für die zusätzlichen Etüden darstellen?", erkundigt sich Meinhard.

„Da hast du im Prinzip schon die Verbindung hergestellt. Du kannst aber sogar etwas präziser sein! Schau mal, angenommen, du übst nur Grammatik, weil du schließlich in Granada flirten willst. Du bist also hier, im Punkt A."

Johanna deutet auf einen Punkte der Transformationskurve.

„Nun willst du aber auch ein Ständchen bringen können und daher erwägst du, vier Gitarre-Etüden zu machen. Dann kommst du hier hin, zum Punkt B."

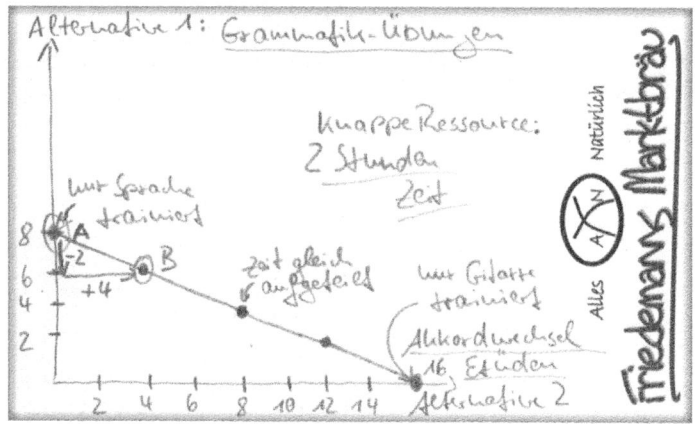

„Du siehst dann, dass du für vier zusätzliche Gitarre-Etüden auf zwei Grammatik-Übungen verzichten musst. Eine Etüde kostet dich daher generell eine halbe Grammatik-Übung, die du dann nicht mehr machen kannst. Das kannst du an der Transformationskurve schön sehen. Je steiler die Kurve, desto höher deine Opportunitätskosten für die Etüden! Du kannst daher Opportunitätskosten aus der Steigung der Transformationskurve bestimmen. Hier hat die Transformationskurve die Steigung minus ein halb. Minus eine halbe Grammatik-Übung pro zusätzlicher Etüde! Du transformierst sozusagen eine halbe Grammatikübung in eine Etüde – daher der Name Transformationskurve!"

„Bevor du fortfährst mit der Instruktion, lass mich bitte gerade mal ein fast leeres Glas in ein leeres transformieren!"

Johanna wartet gehorsam den Transformationsprozess ab und lässt Meinhard auch noch eine Bestellung aufgeben.

„Sind wir wieder aufnahmebereit?" will sie danach wissen.

„Lass mich doch bitter erst mal zusammenfassen! Die Transformationskurve illustriert den Sachverhalt, dass ich bei der Herstellung von zwei Dingen, für die ich ein und dieselbe knappe Ressource brauche, immer einen Konflikt berücksichtigen muss: Ich kann nicht von beidem gleichzeitig mehr haben. Will ich mehr von der einen Sache haben, verbrauche ich mehr von der Ressource, weswegen die verfügbare Ressourcenmenge für die andere Sache kleiner wird und damit auch die mögliche Menge der anderen Sache. Ich kann den Apfel entweder essen oder halt Kompott daraus machen."

Johanna bestätigt:

„Das trifft es wohl im Wesentlichen. Allerdings gibt es eine Möglichkeit, den Konflikt auf ein anderes Niveau zu heben. Zu Omas Zeit konntest du als Bürokraft vielleicht in einer Stunde vier Briefe schreiben oder acht Abrechnungen für Projekte machen. Dann kommt der Computer und nun kannst du acht Briefe schreiben oder 20 Abrechnungen machen. Angenommen du hast vorher in einer Stunde zwei Briefe geschrieben und vier Abrechnungen gemacht, dann kannst du jetzt vier Briefe schreiben und zehn Abrechnungen machen – von beidem mehr! Aber natürlich gibt es den Konflikt nach wie vor, da der technische Fortschritt nicht dazu führte, dass du gleichzeitig Briefe schreiben und Abrechnungen machen kannst. Wir können das auch wieder mit der Transformationskurve illustrieren: Der *allgemeine technische Fortschritt*, der für beide Produkte – Brief und Abrechnung – wirkt, verschiebt die Transformationskurve nach Nord-Ost. Du kannst technischen Fortschritt so verstehen, dass er das Knappheitsproblem lindert, aber nicht aufhebt. Mit derselben Ressourcenmenge stellst du mehr her."

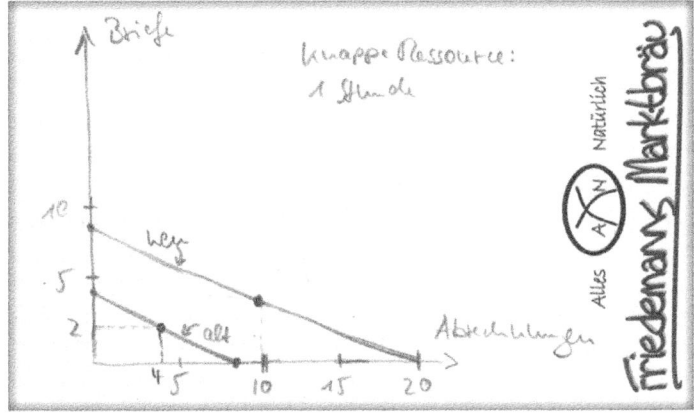

Meinhard ist neugierig geworden und erkundigt sich:

„Was passiert, wenn der technische Fortschritt nicht allgemeiner Natur ist, das heißt nicht für beide Produkte gilt, sondern nur für eines? Lass uns mal das Beispiel wechseln. Wir können hier bei Friedemann in einer Stunde sechs Partien Kniffel spielen oder vier Themen der Tagespolitik diskutieren. Jetzt belegen wir beide nicht Spanisch und nicht Gitarre, sondern einen Politik-Kurs an der VHS. Danach sind wir viel sachverständiger und können sechs Themen der Tagespolitik pro Stunde diskutieren. Für das Kniffel-Spiel ist der Kurs aber wertlos gewesen."

Lass uns diesen Sachverhalt wieder mit der Transformationskurve illustrieren!", schlägt Johanna vor und greift zum Stift.

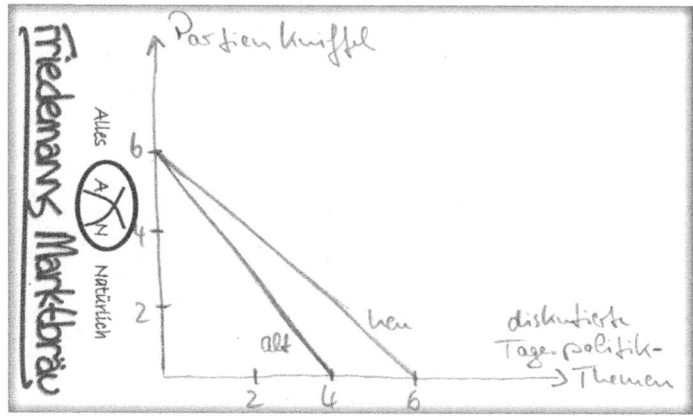

„Auch hier haben wir eine Verschiebung der Transformationskurve nach Nord-Ost, allerdings bleibt einer der beiden Achsenabschnitte unverändert, hier derjenige, der die maximale Anzahl der Kniffel-Spiele pro Stunde angibt. Und jetzt pass mal auf! Wir können mit der Transformationskurve zeigen, dass wir den Produktivitätsfortschritt beim politischen Diskurs für unser Kniffel-Spiel fruchtbar machen können! Dazu nehmen wir an, wir hätten in einer Stunde vor dem VHS-Kurs dreimal Kniffel gespielt und zwei Themen der Tagespolitik diskutiert. Jetzt besuchen wir den VHS-Kurs und verdoppeln unsere Produktivität beim politischen Diskurs. Wenn wir weiterhin mit zwei Themen der Tagespolitik zufrieden sind, können wir diesen Produktivitätsfortschritt für das Würfelspiel nutzen. Wir brauchen jetzt statt einer halben Stunde für unsere Polit-Debatte ja nur 20 Minuten, und mit den eingesparten zehn Minuten kriegen wir ein weiteres Kniffel-Spiel hin, erhöhen also die Anzahl von drei auf vier! Produktivitätsfortschritt beim politischen Diskurs führt zu Mehrproduktion beim Kniffeln!"

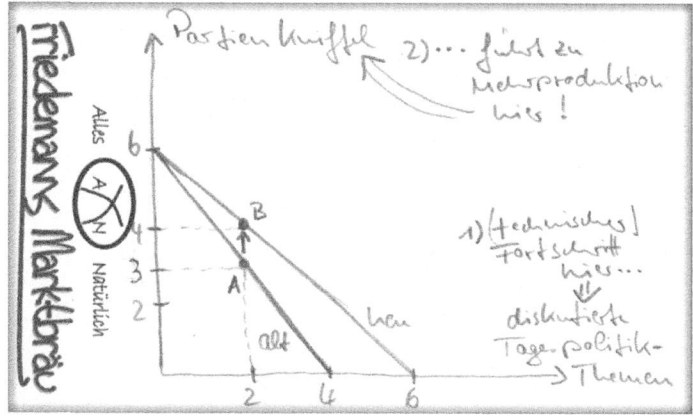

„Du meinst, wenn ich meine Lerntechnik verbessere, kommt dies meiner Freizeitge-staltung zugute – ich muss nur darauf achten, nicht ehrgeiziger zu werden und etwa mehr zu lernen? Denn wenn ich an der VHS einen Kurs für effizientes Lesen belege und danach statt zehn Lehrbuchseiten pro Stunde 20 Lehrbuchseiten schaffe, dann kann ich bei einem unveränderten Pensum von 30 Lehrbuchseiten anderthalb Stunden früher an den Badesee! Diesen Kurs gibt's nämlich wirklich. Ich hatte gar nicht daran gedacht, dass der mir zu mehr Sommerfrische verhelfen kann!"

Johanna ist immer wieder erstaunt darüber, wie gut sich Meinhard nach dem zweiten Bier hält. Manchmal kommt ihr der Verdacht, dass Bierkonsum und Auffassungsgabe bei ihm wenigstens für die ersten Biere positiv korreliert sind – steigender Bierkon-sum, steigende Auffassungsgabe.

Der 6. Abend: Biergläser und Weingläser

Meinhard entkleidet sich gedanklich bis auf seine Socken

Bei Friedemann geht es hoch her, als Johanna und Meinhard eintreffen: Der umtriebige Wirt veranstaltet zu Werbezwecken für seine Kneipe etwas, das er hochtrabend einen „Kreativabend" genannt hat: Jeder Gast kann eine Stunde lang Biergläser und Weingläser mit abwaschbarer Glasfarbe bemalen und muss dabei mit dem Pinsel jeweils ein bestimmtes Motiv auf die Gläser bringen. Anschließend darf der teilnehmende Gast alle Gläser mit nach Hause nehmen, die er fertig gestellt hat. Die Gäste dürfen erst einmal üben und herausfinden, wie lange sie für die beiden Gläser jeweils brauchen.

Unsere beiden Freunde stellen fest, dass sie unterschiedlich fingerfertig sind: Johanna ist bei beiden Gläser-Typen schneller als Meinhard. Für das Bemalen eines Weinglases braucht sie genauso lang, wie für das Bemalen eines Bierglases, nämlich eineinhalb Minuten. Sie schafft in einer Stunde also 40 Biergläser oder 40 Weingläser. Meinhard hat es dagegen ein wenig mit der Feinmotorik. Bei den großen Biergläsern kommt er noch halbwegs zurecht. Er braucht für diese zwei Minuten und kann in einer Stunde daher 30 bemalen, bei den Weingläsern schafft er dagegen, wegen der höheren Filigran-Komponente, nur 15, weil er geschlagene vier Minuten davor zubringt, bis er eines davon fertig hat.

Johanna hat die Zeitbedarfe für sich und Meinhard auf ein Blatt des Rechnungsblocks notiert.

	Bierglas		Weinglas	
	braucht für 1	hat in 60 min fertig	braucht für 1	hat in 60 min fertig
Johanna	1,5 min	40 Stück	1,5 min	40 Stück
Meinhard	2 min	30 Stück	4 min	15 Stück

Friedemanns Marktbräu — Alles A/N Natürlich

Johanna will sich ihre Zeit so einteilen, dass sie 15 Biergläser und 25 Weingläser mit nach Hause nehmen kann. Meinhard teilt sich seine Zeit so ein, dass er von beiden zehn Exemplare hat. Beide wollen sie dabei etwa ein Drittel ihrer Zeit dafür verwenden, sich Biergläser zu sichern, und die übrigen zwei Drittel ihrer Zeit dienen der Aufstockung ihres Vorrats an Weingläsern.

Kurz vor dem Startpfiff hat Johanna aber noch eine Idee.

„Ich kann dir das jetzt nicht so schnell erklären, aber vertrau mir mal! Pass auf, du bemalst nur und ausschließlich Biergläser, ich bemale nur und ausschließlich Weingläser. Nachher tauschen wir: Für drei Biergläser bekommst du zwei Weingläser. Frag nicht lang, mach einfach, ich erklär dir das nachher!"

Meinhard will noch einwenden, dass es für Johanna doch wohl kaum vorteilhaft sein kann, mit ihm zu tauschen, weil er doch bei beiden Gläsern so viel langsamer ist als sie. Aber er fügt sich, nicht zuletzt deswegen, weil unmittelbar nach Johannas Aufforderung der Startpfiff ertönt und wirklich keine Zeit für große Erklärungen vorhanden ist.

Es geht 60 Minuten lang beinahe tumultartig zu im *Maximahl* und am Ende blickt man in durchweg fröhliche, wenngleich im Eifer des Gefechts im einen oder anderen Fall auch bunt gewordene Gesichter. Friedemann ist sichtlich zufrieden mit seinem PR-Einfall. Sogar einen Mitarbeiter des Anzeigenblättchens hat er eingeladen und der ist auch prompt gekommen und hat Fotos von der Aktion gemacht.

Auf dem Tisch von Johanna und Meinhard stehen nun 40 Weingläser, die Johanna ordnungsgemäß bemalt hat, und 30 Biergläser, mit denen Meinhard gerade so fertig geworden ist. Er wischt sich einige Farbreste vom Finger und wendet sich dann an Johanna:

„OK, dann lass uns jetzt mal tauschen! Zwei Weingläser für drei Biergläser hast du gesagt. Hm, ich wollte ursprünglich zehn Weingläser haben, dafür müsste ich dir also jetzt 15 Biergläser geben. Dann bleiben mir noch 15 Biergläser übrig! Gebe ich dir noch weitere drei Biergläser, kriege ich noch zwei Weingläser von dir und habe damit zwölf Weingläser und zwölf Biergläser. Von beiden Gläsertypen mehr, als wenn ich für mich allein gearbeitet hätte! Kein Wunder, dass ich beim Tausch mit dir besser abschneide, schließlich war ich doch bei beiden Gläsertypen der Langsamere von uns beiden!"

Johanna fordert ihn darauf hin auf:

„Na dann guck mal, was für mich dabei heraus gesprungen ist! Ich habe von dir 18 Biergläser bekommen und von meinen 40 Weingläsern sind noch 28 übrig, nachdem ich die zwölf an dich abgetreten habe! Ich habe also statt 15 Biergläsern jetzt 18 und statt 25 Weingläsern jetzt 28! Prost auf die Kooperation!"

Meinhard ist konsterniert. Er muss nachzählen, um sich zu vergewissern, dass ihn Johanna nicht hereingelegt hat. Aber kein Zweifel, es gibt nichts zu rütteln: Alle beide, auch die eindeutig fingerfertigere Johanna, stehen sie besser da, als wenn sie auf sich allein gestellt und einzelkämpferisch an Friedemanns Kreativstunde teilgenommen hätten.

„Jetzt bin ich aber platt! Das verlangt nach einer Erklärung, die du mir aber ja bereits angekündigt hast!"

„Das wird aber viel an weiterer Malarbeit mit sich bringen!" warnt Johanna. „Wir müssen nämlich einiges aufzeichnen, damit die Sache klar wird. Zunächst: Könntest du einmal so freundlich sein und meine sowie deine Transformationskurve für die Kreativstunde aufzeichnen?"

Meinhard legt nach einigen Versuchen sein Werk vor, er ist ja jetzt in Übung und so gelingen ihm die Grafiken sogar etwas flotter als erwartet. Johanna möchte, dass er auch die ursprünglichen Pläne vor Beginn der Kreativstunde einzeichnet. Meinhard fügt also noch zwei Punkte mit diesen Plänen hinzu.

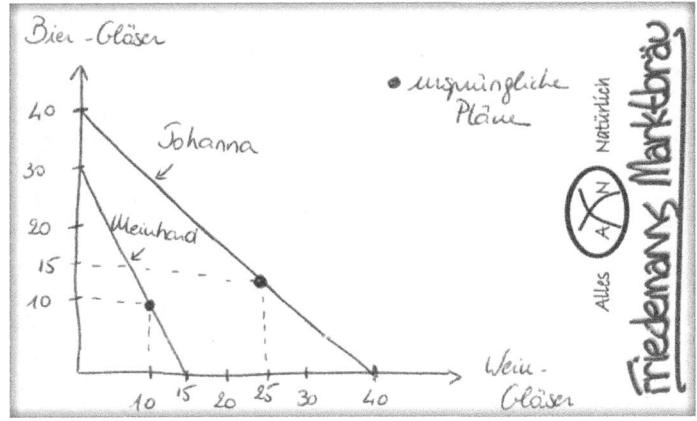

„Deine Transformationskurve wird von meiner vollkommen eingeschlossen. Das heißt: Beide Maximalproduktionen, bei Biergläsern und Weingläsern, sind bei mir größer als bei dir ...", beginnt Johanna. Sie wird allerdings gleich unterbrochen:

„Musst du denn so darauf herumhacken? OK, ich bin halt nicht so schnell wie du!", mault Meinhard.

„Darauf kommt es mir doch gar nicht an, Sensibelchen! Ich will nur darauf hinweisen, dass man bei dieser Ausgangslage meinen könnte – und das tat man auch lange Zeit! – dass ein Tauschgeschäft hier nur für einen rentabel sein könnte. Wie wir gesehen haben, ist das aber falsch: Der Tausch lohnt sich auch für den, der eigentlich alles besser kann! Warum das funktioniert, ist eigentlich gar nicht so schwer zu verstehen. Trag doch einmal die beiden Endergebnisse unserer Tauschaktion in die Grafik ein! Vielleicht machst du Sternchen, dann kann man sie besser von den Punkten unterscheiden, die unsere ursprünglichen Pläne markieren!"

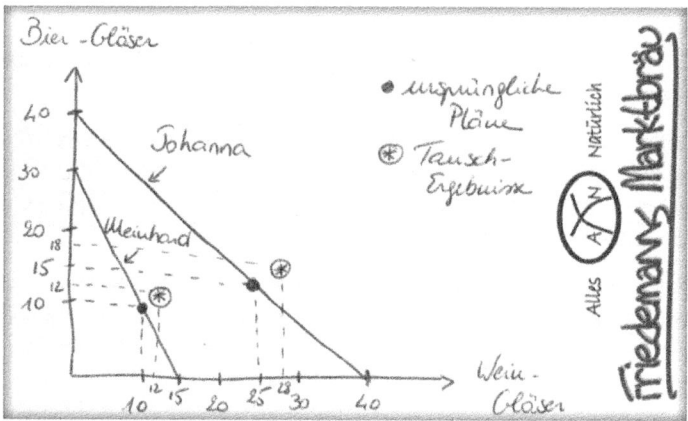

Nachdem Meinhard fertig ist, ergänzt sie:

„Beide Tauschergebnisse, das für dich und das für mich, liegen nord-östlich von unseren Transformationskurven. Also in einem Bereich, der bei deiner und meiner Maltechnik jeweils unerreichbar gewesen wäre."

„Wir hätten höchstens mit technischem Fortschritt dorthin kommen können!", erinnert sich Meinhard.[1]

„Und damit hast du wieder einmal ins Schwarze getroffen!", lobt ihn Johanna.

„Wenn wir tauschen, dann machen wir uns nämlich eigentlich eine bessere Technik verfügbar! Das klingt ein wenig komisch, aber wenn du mal drüber nachdenkst: Wie

---

[1] Vgl. 5. Abend!

kannst du Weingläser ergattern? Zwei Möglichkeiten hast du. Erstens: Du bemalst sie selbst. Was kostet dich das? Die Biergläser, die du in dieser Zeit bemalt haben könntest. Nämlich zwei. Zweitens: Du bemalst Biergläser und tauschst sie bei mir für Weingläser ein. Was kostet dich ein Weinglas? Die vereinbarte Anzahl an Biergläsern von eineinhalb. Was ist deine bessere Produktionstechnik für Weingläser? Der Tausch ist besser als die Eigenproduktion, weil er dich weniger Biergläser kostet."

Es dauert ein wenig, bis das in Meinrads Schaltzentrale angekommen und ordnungsgemäß verarbeitet ist. Aber schließlich meint er:

„So würde ich das nie betrachten – aber eigentlich hast du vollkommen recht! Ich habe sozusagen zwei Produktionstechniken für Weingläser. Entweder ich stecke Zeit in meinen Produktionsprozess Nummer Eins, bei dem am Ende ein Weinglas herauskommt. Oder ich stecke Biergläser in meinen Produktionsprozess Nummer Zwei, alias Tausch, bei dem am Ende wieder ein Weinglas herauskommt. Da ich für die Biergläser auch Zeit brauche, stecke ich letztlich in beide Produktionsprozesse Zeit als Input, die Bierglasproduktion beim Tausch ist nur ein kleiner Zwischenschritt zum gleichen Endergebnis. Derjenige Produktionsprozess, bei dem ich weniger Input, also Zeit für ein Weinglas benötige, ist der bessere. Ich zeichne das am besten mal auf."

Meinhard greift sich den Block und legt Johanna schließlich die Skizze seiner Zwischenschritt-Theorie vor.

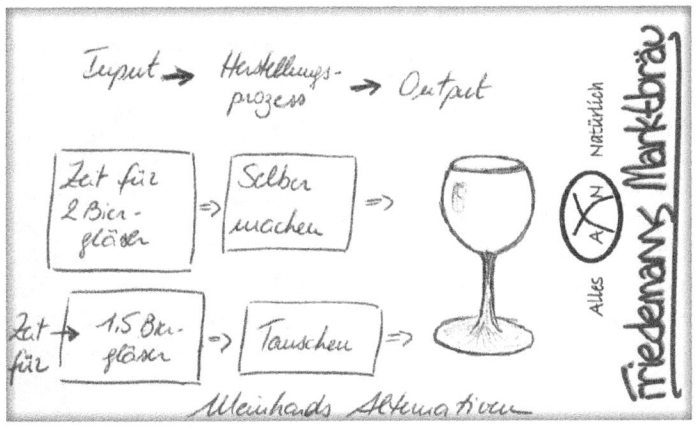

„Bravo! Damit hätten wir den ersten Teil des Geheimnisses bereits gelüftet. Der Tausch kann als eine Art Herstellungsprozess betrachtet werden, der in unserem Fall für dich der bessere war. Jetzt müssen wir nur noch herausfinden, warum der Tausch für uns alle beide der bessere Produktionsprozess war – und nicht nur für dich! Schließlich gehört zu einem Tausch, dass beide Parteien freiwillig und aus eigenem Interesse zustimmen! Sonst würde man ja nicht von einem Tausch sprechen, sondern von einem nur wenig verschleierten Raub", bemerkt Johanna.

„Von deiner Warte aus betrachtet geht es um die Herstellung von Biergläsern. Du kannst das einmal – Produktionsprozess Nummer Eins – selbst tun und brauchst dafür dieselbe Zeit wie für ein Weinglas. Du kannst aber auch – Produktionsprozess Nummer Zwei – das Weinglas herstellen und es dann gegen eineinhalb Biergläser tauschen. Bei Produktionsprozess Nummer Zwei, dem Tausch, hättest du also in der gleichen Zeit mehr Biergläser hergestellt. In der gleichen Zeit, in der du zwei Biergläser herstellst, hättest du auch zwei Weingläser hergestellt, die du mit einem Zwischenschritt in drei Biergläser transformieren könntest. Das ist ja phantastisch! Das klingt beinahe so, als wäre Schwarze Magie im Spiel."

Meinhard ist richtig in Fahrt.

„Tausch ist wahrhaft *Transsubstantiation*! Du verwandelst zwar nicht Wein in Blut, aber immerhin Weinglas in Bierglas."

„Das werden Katholiken aber nicht gerne hören, dass du die Transsubstantiation mit Schwarzer Magie in Verbindung bringst!", ermahnt ihn mit gespieltem Ernst Johanna.

„Bah! Beim Tausch klappt es wenigstens *wirklich* mit der Transsubstantiation! Durchaus zum Glück der in diesem Fall ja gerade nicht merkwürdigen Verzehrgewohnheiten anhängenden Katholiken klappt es dort ja nicht."

Johanna pflichtet Meinhard bei. Ihr war der Gedanke auch immer etwas merkwürdig, jedenfalls völlig unheilig vorgekommen, ein Drittel des HERRn in Fleisch und Blut zu verzehren.

„Lass uns nun noch eine Tabelle anschauen, damit der Tauschprozess noch etwas klarer wird. Wir sind ja schon darauf gestoßen, dass die Opportunitätskosten bei der Erklärung eine bedeutende Rolle spielen. Du hast ganz richtig für dich hergeleitet, dass alles auf einen Vergleich deiner Opportunitätskosten eines Weinglases, gemessen in verlorenen Biergläsern, mit der Anzahl der beim Tausch ja ebenfalls verlorenen Biergläser in der Tauschvereinbarung hinausläuft. Wir machen jetzt mal eine Tabelle: Die Opportunitätskosten eines Bierglases und eines Weinglases für dich und mich. Ich würde dir ja gerne meinen Teil abnehmen, aber ein bisschen Üben schadet dir bestimmt nicht! Also los!"

Meinhard überrascht Johanna mit einer erstaunlich murrfreien Reaktion und legt nach einer Weile seine Tabelle vor.

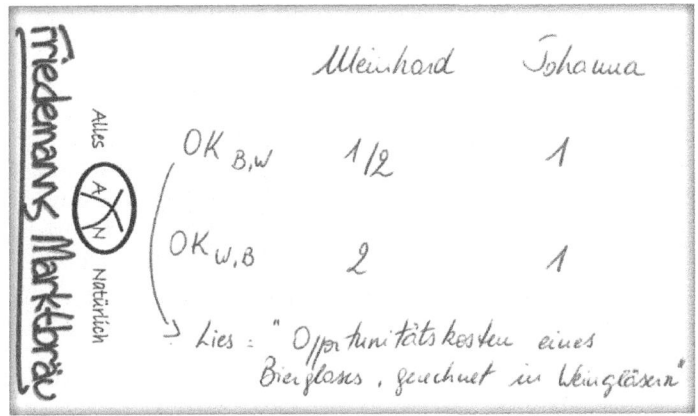

„Sehr gut!", lobt sie ihn. „Und prima, dass du auch gleich eine Legende mitgeliefert hast! In der ersten Zeile der Tabelle können wir sehen, dass deine Opportunitätskosten für ein Bierglas niedriger sind als meine. In der zweiten können wir sehen, dass meine Opportunitätskosten für ein Weinglas niedriger sind als deine. Jeder von uns beiden hat also bei einem der beiden Tauschgüter einen Opportunitätskostenvorteil – während ich bei beiden Gütern schneller war und daher absolut betrachtet weniger Zeit-Input benötigt habe."

„Da habe ich aber Glück gehabt, dass ich wenigstens einen Opportunitätskostenvorteil hatte, wenn ich schon nicht absolut betrachtet besser war als du!"

„Von Glück würde ich hier nicht sprechen, mein Lieber. Vielmehr von einer logischen Notwendigkeit! Pass auf und guck dir zuerst mal deine Opportunitätskosten an. Fällt dir da etwas auf?"

Meinhard schaut auf die Tabelle und nach einer Weile geht ihm ein Licht auf.

„Der eine Wert ist ein Kehrwert vom anderen. Das ist bei deinen Opportunitätskosten genauso, nur dass man das bei dem Wert eins nicht so deutlich sehen kann!"

„Genau! Warum das so ist, wird in deiner Notation auch sehr schön deutlich, wenn wir das OK für Opportunitätskosten mal weglassen: ‚B,W=1/2 und W,B=2'. *Bierglas gemessen in Weingläsern* muss der Kehrwert von *Weinglas gemessen in Biergläsern* sein! Und nun kommt's. Wenn bei dir die Opportunitätskosten für das eine Gut A betragen und bei mir beim gleichen Gut B, dann betragen deine Opportunitätskosten für das andere Gut 1/A und meine 1/B. Wenn A größer ist als B, dann muss 1/A kleiner sein als 1/B! Da führt kein Weg dran vorbei. Höchstens die Leugnung der Logik, aber ob uns das so viel weiter brächte?"

„Das heißt dann aber: Wenn du bei einem von zwei Gütern den Opportunitätskostenvorteil mir gegenüber hast, dann habe ich zwangsläufig beim anderen Gut den Opportunitätskostenvorteil dir gegenüber! Von wegen *Glück gehabt*! Da könnte ich genauso gut sagen, dass ich Glück gehabt hätte, dass zwei herauskam, nachdem ich eins und eins addiert habe..."

„Richtig! Einen Opportunitätskostenvorteil bei irgend etwas hat jeder – Tauschen lohnt sich unbedingt! Und das erklärt auch, warum der Homo sapiens es so weit gebracht hat. Das Human Animal ist ein Tier, das tauscht! Einige Forscher glauben sogar, dass die Fähigkeit, Tauschvorteile zu erzielen, der entscheidende Vorteil unserer Spezies gegenüber den übrigen Hominiden war, die eine Weile parallel existierten, bevor sie ausstarben.[2] Jedenfalls haben wir es mit dem Tausch sehr weit getrieben inzwischen. Was hast du heute am Leibe, das du selbst hergestellt hast? Oder sind wir mal großzügig und sagen: was von Mitgliedern deiner Sippe selbst hergestellt wurde."

„Eigentlich nur meine Socken, die habe ich zu Weihnachten von meiner Mutter bekommen", räumt Meinhard ein und errötet etwas.

„Dann guck dich jetzt einmal in der Kneipe um und denk dir alles weg, was nicht in Eigenproduktion hergestellt wurde! Aber bitte nicht mich allzu lange anschauen dabei!"

Meinhard muss lachen. Aber er hat den Sachverhalt mit diesem kleinen Gedankenexperiment schnell erfasst, den Johanna nun darlegt:

„Wir stellen fast nichts mehr selbst für uns her. Nahezu alles, was wir haben und konsumieren, ist im Zuge eines Tauschgeschäftes in unseren Besitz geraten. Wir denken zwar nicht mehr darüber nach, weil es so selbstverständlich geworden ist für uns. Aber es ist eine sehr wundersame Angelegenheit, wie wir Menschen es organisiert haben, unsere Dinge zu bekommen. Wir haben ein äußerst komplexes System von Tauschbeziehungen errichtet, das es uns gestattet die Spezialisierung auf die Spitze zu treiben. Wenn sich viele Leute auf immer engere Abschnitte des gesamten Herstellungsprozesses spezialisieren, dann müssen auch immer mehr Leute in einem Herstellungsprozess zusammen arbeiten. Die Kooperation erstreckt sich dabei mitunter über Kontinente und viele Industrien. Selbst so etwas simples wie dieser Kneipenblock hier ist etwas, an dem sehr viele Menschen mitarbeiten: Der Waldarbeiter, der Holzfäller, der Arbeiter in der Papierfabrik, die ganzen Leute, die bei der Produktion all der Maschinen mitwirken, die im Zuge all der Produktionsabschnitte eingesetzt werden, dann kommen die Leute in der Druckerei hinzu und die, die bei der Herstellung der Druckertinte beteiligt waren, natürlich auch all die Leute, die gute Einfälle für die Herstellungstechniken hatten... . Es hat fast kein Ende, wenn du es dir erst einmal genauer überlegst!"

Johanna klopft auf den Block.

„Hieran haben Menschen mitgearbeitet, die sich niemals kennen lernen werden. Wenn du ein Treffen aller an der Herstellung Beteiligter organisieren wolltest, müsstest du

---

[2] *The Economist* vom 7. Mai 2005 veröffentlichte hierzu einen Artikel mit der schönen Überschrift „Homo economicus".

vermutlich ein Olympiastadion anmieten! Und wir sprechen über einen Kneipenblock."

„Willst du damit sagen, dass Gesellschaften im Lauf der Zeit immer perfekter getauscht haben? Ein Umstand, der es erforderlich machte, dass sie die Spezialisierung der einzelnen Gesellschaftsmitglieder und die daraus resultierende Arbeitsteilung immer mehr verfeinerten?"

„Ganz recht! Der Tausch ist zum zentralen Akt im Gesellschaftsleben geworden. Er ist der Kern, aus dem alles andere herauswächst. Eine der größten Errungenschaften des Menschen. Und etwas, das selbstverständlich auch in der Ökonomik an Bedeutung kaum zu übertreffen ist. Einzelne Gesellschaftsmitglieder spezialisieren sich und tauschen miteinander: Geld gegen Dinge. Dinge gegen Geld. Mittlerweile seltener auch Dinge gegen Dinge. Das nennt man dann den *Realtausch*. So etwas praktizieren wir hier ja übrigens auch! Menschen tauschen Arbeitskraft gegen Geld. Ideen gegen Geld. Sie verschieben ihren Konsum auf die Zukunft und tauschen das gegen ein Einkommen, das man ‚Zinseinkommen' nennt. Und so weiter, und so fort! Wie dir ein Blick auf die Produktinformationen in deinem Mantel da offenbaren wird, tauschen wir mittlerweile auch recht intensiv auf internationaler Ebene miteinander. Wir bekommen unsere Kleider aus Asien. Unterhaltungselektronik bekommen wir auch von dort, Software und abendfüllende Kino-Unterhaltung aus den USA, Wein aus Australien, Obst aus Afrika... Du könntest auch einmal versuchen, dir vorzustellen, wie es um deinen Lebensstandard bestellt wäre, wenn es dieses immense Tauschnetz nicht gäbe! Ein stattlicher Einbruch, würde ich meinen. Wenn wir plötzlich alle auf uns selbst gestellt wären, hätte dies katastrophale Auswirkungen! Es ist schon seltsam: Etwas, das für uns lebensnotwendig ist, jedenfalls für die meisten von uns, wird eigentlich kaum registriert. Der Organisation des Tauschnetzes könnte schon ein wenig mehr Respekt gezollt werden. Gutes Tauschen und die daraus resultierende Arbeitsteilung sind enorm wichtig für die Art, wie wir leben!"

„Und das für uns alle! Denn wir haben alle etwas davon, weil es den Opportunitätskosten-Vorteil gibt! Es ist gar nicht nötig, dass man besser ist als jemand anderes, damit man erfolgreich tauschen kann – es reicht, wenn man irgendwo einen Opportunitätskosten-Vorteil hat!", fasst Meinhard eine wichtige Erkenntnis für diesen Abend zusammen.

Johanna ergänzt:

„Was, wie wir gesehen haben, fast immer der Fall ist! Wenn man die Geschichte mit dem Opportunitätskosten-Vorteil verstanden hat, kann man sich die Lektüre von einer Menge Globalisierungsliteratur schlicht sparen, weil dort ein gravierender Fehler gemacht wird: Viele der Publikationen verwechseln den Opportunitätskosten-Vorteil mit dem absoluten Kostenvorteil! Das Resultat ist dann zum Beispiel, dass behauptet wird, man könne vom Tausch mit anderen Nationen nicht profitieren, weil man bei der Herstellung von bestimmten Produkten nicht oder nicht mehr besser ist. Schlichter Nonsens! Übrigens solltest du auch beachten, dass bei all der Spezialisierung, der

Arbeitsteilung und der Tauscherei natürlich etwas alles koordinieren muss. Dieses ‚Etwas' muss dafür sorgen, dass dieses überaus verworrene und verwobene Netz aus Tauschbeziehungen funktioniert."

Meinhard wird nachdenklich.

„Im Unternehmen macht das der Vorstand über die mit der EDV erstellten Pläne. Der koordiniert dort die Arbeitsteilung und die Spezialisierung. Und in der Familie haben wir auch so etwas wie einen Plan des Haushaltsvorstandes. Der war bei mir zuhause nicht immer kompatibel mit den Plänen aller Haushaltsmitglieder, aber stets sehr verbindlich!"

„Na ja, mittlerweile machst du ja deine eigenen Haushaltspläne, wie ich annehmen will!", muntert ihn Johanna auf und fügt an:

„Du hast natürlich völlig recht, dass ein beachtlicher Teil der Organisation von Arbeitsteilung und Spezialisierung hierarchisch in Unternehmen und Haushalten stattfindet. Aber wenn du über diese unterste Ebene hinausgehst und dich fragst, was zwischen den Haushalten und den Unternehmen das Geschehen regelt, dann findest du keine zentrale Instanz, die plant und befiehlt. Jedenfalls gilt das mittlerweile für die meisten Gesellschaften. Der Mechanismus, der die Koordination leistet, ist der Markt. Besser: Die Vielzahl von Märkten, die alle über Preise miteinander verbunden sind. Diese Preise sind daher die Signale, die die Koordination des komplexen Tauschsystems innerhalb einer Marktwirtschaft und bei internationalem Handel auch zwischen den Marktwirtschaften übernehmen. Ein Beispiel: Friedemann würde sehr schnell an steigenden Preisen für das Produkt seiner Braukunst merken, dass es in der Gesellschaft stärker geschätzt und nachgefragt wird. Er hätte damit einen Anreiz, seine Produktion auszudehnen. Er würde mehr Hopfen nachfragen und dessen Produzenten würden anhand der steigenden Preise ebenfalls merken, dass sich ihre Produktion mehr lohnt, und diese ausdehnen. Insgesamt würden die verfügbaren Ressourcen stärker in die Bierproduktion hinein gelenkt. Das Tauschsystem würde umorganisiert – zugunsten einer höheren Bierproduktion. Alle Beteiligten brauchen dafür nur auf Preisänderungen zu reagieren – und haben auch einen Anreiz, dies zu tun. Denn Preise bestimmen Produktionspläne von Unternehmen und Konsumpläne von Haushalten."

„Mit anderen Worten: Der Tausch ist so etwas wie die Keimzelle entwickelter ökonomischer Zusammenhänge! Ohne ihn keine Spezialisierung und damit ohne ihn auch keine wechselseitige Abhängigkeit. Man könnte verschiedene Gesellschaften darauf hin untersuchen, wie gut sie in der Lage sind, den Tausch zu organisieren", spekuliert Meinhard.

„Das erweist sich gelegentlich auch ganz von allein!", entgegnet ihm Johanna. „Nämlich im Wettbewerb der verschiedenen Gesellschaftsentwürfe miteinander um die bessere Art, den Tausch zu organisieren[3]. Mittlerweile gibt es da einen deutlichen Sieger: Die Marktwirtschaft. Ein weiterer Grund, sich ein wenig damit zu beschäftigen, wie ein Markt funktioniert – findest du nicht? Dass die Lenkung der Wirtschaft durch bürokratische Planungskomitees eine ernsthafte Alternative darstellt, traut sich kaum noch jemand zu behaupten. Jetzt bin ich inzwischen aber etwas durstig geworden. Lass uns doch mal ein kleines Tauschgeschäft mit Friedemann tätigen!"

---

[3] Zwar wetteifern verschiedene Gesellschaftstypen auch noch um Anderes als das beste Tauschsystem, nämlich etwa darum, wie wohl sich die jeweiligen Gesellschaftsmitglieder in ihnen fühlen. Die Abstimmung mit den Füßen ist aber ebenfalls recht eindeutig für den Kapitalismus und gegen die Planwirtschaft ausgegangen - obwohl auch hierzulande ja einiges dagegen unternommen wurde, sie zu verhindern.

Der 7. Abend: Ein Trick mit Cellophan

Meinhard trainiert erfolgreich seine Rübe

Meinhard eröffnet Johanna, dass sich ihre Diskussion von Wohlfahrtsverlusten durch Geschenke[1] für ihn bereits praktisch ausgewirkt habe.

„Ich kaufe jetzt als Geschenke fast nur noch Gutscheine! Du wirst zwar einwenden, dass ich in diesem Fall im Vergleich zum Geldgeschenk den Beschenkten immerhin schon auf ein Geschäft festlege und damit das Risiko eingehe, dass er lieber in einem anderen Geschäft eingekauft hätte. Aber ich finde es irgendwie phantasielos, Geldscheine zu verschenken, selbst wenn ich ein schönes Origami draus gemacht habe. Übrigens hat kürzlich ein Freund, bei dem Versuch, meinen Zehn-Euro-Origami-Hasen wieder zu entfalten, die Banknote übel zugerichtet! Jetzt bin ich morgen auf eine Geburtstagsparty eingeladen und habe der Gastgeberin einen Gutschein für ein CD-Geschäft gekauft. Die haben sehr schöne Gutscheine, warte mal, ich zeig ihn dir."

Meinhard kramt in seiner Tasche und wird auf einmal bleich. „Ach du Schreck! Ich glaube, ich habe den Gutschein in der Straßenbahn liegenlassen! Na den kann ich wohl getrost vergessen!"

„Da hast du vermutlich recht! Aber du hast morgen früh ja noch die Möglichkeit, einen anderen zu kaufen – und dann etwas sorgfältiger mit der Aufbewahrung zu sein!"

„Nochmal 20 Euro sind für das Geschenk beim besten Willen nicht drin! Bei aller Freundschaft: 40 Euro für ein Geburtstagsgeschenk wäre ein wenig viel!"

Johanna wundert sich.

„Der Gutschein sollte doch über 20 Euro lauten, nicht über 40!"

„Sollte er auch, aber zweimal 20 macht doch 40 – oder hat Frau Ökonomin jetzt auch eine neue Arithmetik anzubieten?"

„Nicht direkt, aber vielleicht einen Hinweis: Angenommen, du hättest auf dem Weg ins Geschäft einen 20-Euro-Schein verloren. Hättest du dann den Gutschein erst gar nicht gekauft? Denn wenn du morgen einen neuen Gutschein kaufst, dann ist das genau dieselbe Situation in deinem Geldbeutel, als wenn du auf dem Weg in das Geschäft 20 Euro verloren hättest und dann den Gutschein trotzdem gekauft hättest!"

---

[1] Vgl. 2. Abend!

„Was ich vermutlich in der Tat getan hätte! Merkwürdig, aber irgendwie hast du recht!", räumt Meinhard ein.

„Merkwürdig, dass ich Recht habe – oder ist dir die Angelegenheit irgendwie suspekt?"

„Merkwürdig, dass man in so einem Fall denkt, das wären die Gesamtkosten für das Geburtstagsgeschenk! Ich hätte die 20 Euro in jedem Fall dazu gezählt, dabei sind das doch eigentlich nur Kosten der Schusseligkeit, ganz genauso, als wenn ich die 20 Euro auf dem Weg ins Geschäft verloren hätte ..."

„Ich glaube, das wird *mental accounting* genannt[2] und die mentale Buchführung ist eine stete Quelle für Fehlentscheidungen. Bei der Frage, ob du deiner Freundin einen 20-Euro-Gutschein zum Geburtstag kaufst, dürfte eigentlich nur deine Freude an diesem Geschenk, also deine Zahlungsbereitschaft dafür eine Rolle spielen. Und an deiner Zahlungsbereitschaft für das Geburtstagsgeschenk dürfte sich wiederum durch den Verlust wenig ändern. Du könntest höchstens sagen, dass sich deine Zahlungs*fähigkeit* um 20 Euro vermindert hat, aber dann müsstest du alle anderen Kaufentscheidungen ebenfalls nochmals überdenken!"

Johanna fällt etwas ein.

„Du hast mir doch kürzlich erzählt, dass du dir einen Science Fiction-Roman gekauft hast, der dir nach schon dem ersten Kapitel überhaupt nicht mehr gefallen hat. Hast du den Roman weiter gelesen?"

„Nö, der war mir wirklich zu langweilig und zu wenig inspiriert." Meinhard muss lachen. „Ich habe ihn einem Kommilitonen geschenkt!"

„Gut gemacht – ich meine natürlich nur die Beendigung der Lektüre und nicht das wahrhaft selbstlose Geschenk! In solchen und ähnlichen Fällen machen Leute häufig den Fehler, sogenannte *sunk costs* zu übersehen: Kosten, an denen du eh nichts mehr ändern kannst und die deswegen für Entscheidungen *irrelevant* sind! Du kannst an einer Fehlinvestition wie dem Kauf eines langweiligen Buches manchmal nichts ändern. Hättest du das Buch noch zurückbringen können, dann wäre das eine andere Geschichte gewesen, aber so.... Na jedenfalls ist es ein ganz geläufiger Fehler, dass Leute etwas fortsetzen, nur weil das schon irreversible Kosten verursacht hat. Es ist gerade so, als würden sie sich mit dem Verlust nicht abfinden wollen – und deswegen verschlimmern sie die Situation! Sie sitzen in einem langweiligen Kino-Film und verplempern ihren Abend, nur weil sie die Eintrittskarte nicht mehr zurückgeben können. Sie lesen Bücher bis zum Schluss durch und verplempern richtig viel Zeit, obwohl sie

---

2   Beim *mental accounting* schreibt man gedanklich Teile seines Geldvermögens, seine Einnahmen oder seine Ausgaben bestimmten Quellen oder Zwecken zu. Man führt im Kopf dabei sozusagen verschiedene Kassen für zum Beispiel Geburtstagsgeschenke, Kneipenbesuche, Nahrungsmittel – oder auch für riskante oder weniger riskante Geldanlageformen. Ein Euro ist dann nicht mehr einfach nur ein Euro, sondern ein Euro *für etwas*. Der Euro für *dies* wird anders behandelt als der Euro für *jenes*.

wenig angetan sind, und das nur, weil es schließlich eine teure, fest gebundene Ausgabe war und kein Taschenbuch. Sie entwickeln Überschall-Flugzeuge weiter, obwohl sie als unrentabel erkannt worden sind. Sie setzen sinnlose Kriege fort, nur damit die bislang gefallenen Soldaten nicht vergebens gestorben sind ... Dabei ist doch alles so einfach: Wenn du dich entscheidest, vergleichst du den Vorteil einer Handlung mit den damit verbundenen Nachteilen, die in der Regel vor allem damit zu tun haben, dass du andere Alternativen nicht mehr hast, wenn du dich für eine bestimmte Alternative, z.B. für die Alternative ‚im schlechten Film sitzen bleiben', entscheidest. Wenn du also im schlechten Film sitzt, solltest du darüber nachdenken, welche Alternativen dir für die Verwendung deiner Zeit verloren gehen. Und dir wird wahrscheinlich schnell klar, dass diese Kosten zu hoch sind, weil du ja auch ein nettes Bierchen trinken gehen könntest, was vermutlich allemal unterhaltsamer sein dürfte als ein schlechter Film."

„Wohl war! Wobei die Kosten der Lektüre eines für eigentlich uninteressant befundenen Buches neben den Kosten eines falschen Films gigantisch hoch sind, weil man ja sehr viele Stunden damit verbringt. Bei mir geht die Lesegeschwindigkeit bei weniger interessanten Sachen sogar noch nach unten, und ich verbringe bei *gleicher* Seitenzahl *mehr* Stunden mit dem Lesen – hab ich vor einigen Monaten direkt mal gemessen: spannender Krimi gegen eher langweiligen Krimi, die Uhr lief mit."

„Schau an: Meinhard bei der empirischen Überprüfung einer Hypothese![3] Vielleicht verfasst du mal einen Artikel *Lesegeschwindigkeit und Spannungsgrad des Plots: Eine Untersuchung am zeitgenössischen Kriminalroman*! Jedenfalls dürftest du da keine Ausnahme sein. Wenn mich etwas interessiert, bin ich beim Lesen auch fixer."

„Apropos fix: Sag mal, was haben denn *sunk costs* mit fixen Kosten zu tun? Das kommt mir irgendwie verwandt vor."

„Fixe Kosten sind Kosten, die sich nicht ändern – allerdings wird hier bei der Einstufung auf die Herstellungsmenge geschaut: Fixkosten sind unabhängig von der Herstellungsmenge, sie fallen auch an, wenn du am Ende gar nichts produzierst. Nehmen wir Friedemann mit seiner Bierproduktion. Er muss Räume und Geräte haben und eventuell auch einige Angestellte, damit er brauen kann. Die Kosten dafür sind unabhängig von der Menge des gebrauten Bieres. Angenommen, die Regierung verbietet heute für einen Monat überraschend jegliche Alkoholproduktion, dann muss Friedemann weiter Miete und Gehälter zahlen und auch seine Braukessel wird er bestimmt nicht gleich einer anderen Verwendung zuführen können. Fixkosten bleiben, wenn du die Produktion vorübergehend einstellen musst. Wenn Friedemann sein Geschäft plant, dann hat er vielleicht eine Liste mit fixen Kosten. Solange er aber noch keinen Miet- oder Arbeitsvertrag unterschrieben hat und auch noch keine Braukessel gekauft hat, sind das noch keine sunk costs. Fixkosten werden erst beim Übergang von der Planung zur Realisierung versunkene Kosten. Jedenfalls teilweise, denn manchmal

---

[3] Vgl. 1. Abend!

kann man sogar für gebrauchte Braukessel vielleicht bei eBay noch einen Interessenten finden."

„Und variable Kosten wären dann beispielsweise die Ausgaben für Hopfen, Gerste und Brauwasser und auch die Kosten für Behälter wie Flaschen und Fässer und die Energiekosten für die Temperierung der Braukessel. Variabel deswegen, weil sie mit der Herstellungsmenge variieren", vergewissert sich Meinhard.

„Du solltest jedoch beachten, dass es bei der Einstufung in fixe und variable Kosten auf den Zeithorizont ankommt. Sehr kurzfristig ist fast alles fix, und sehr langfristig ist fast alles variabel! Lass uns deswegen aus praktischen Gründen bei der mittleren Frist bleiben. Vielleicht schreiben wir uns mal ein Beispiel auf. Wir machen eine Tabelle. So, hier in der ersten Spalte steht die Produktionsmenge in Hektolitern Bier. In der zweiten Spalte notieren wir die *gesamten Kosten*, also die Summe aus fixen Kosten und variablen Kosten. Die fixen Kosten belaufen sich in unserem Beispiel auf 400 Euro."

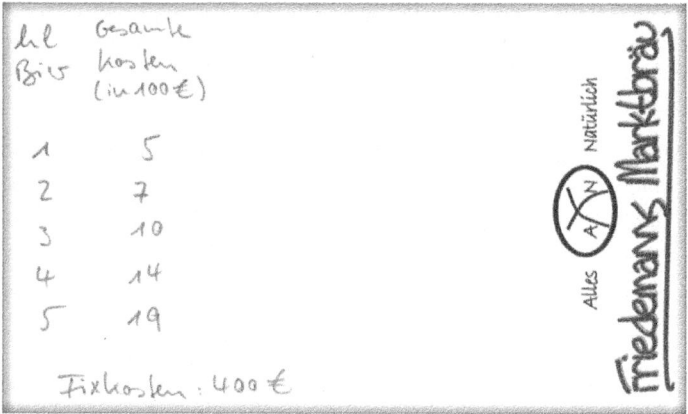

Meinhard betrachtet die Tabelle.

„Daraus könnten wir wieder eine Grafik machen", schlägt er vor. „Wir schreiben die Herstellungsmenge in Hektoliter an eine Achse und die gesamten Kosten an die andere. Vielleicht nehmen wir die horizontale Achse für die Menge und die vertikale für die Kosten. Erstmal zeichne ich die Punkte aus der Tabelle als Koordinatenpunkte ein und verbinde sie dann durch eine Linie. Etwa so..."

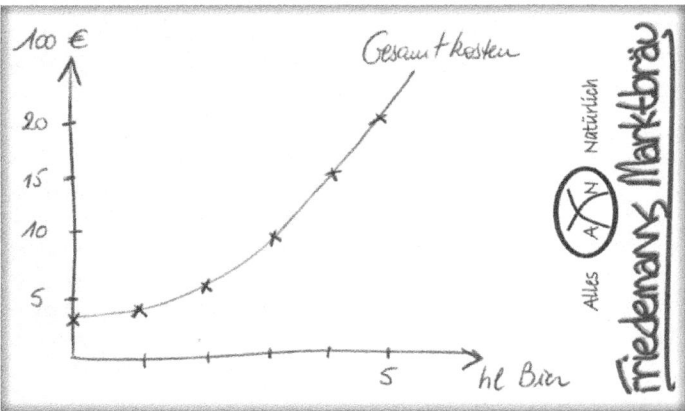

„Oh, das ergibt aber keine Gerade! Da ist dir beim Zahlenerfinden sicher ein Fehler unterlaufen!", stellt er fest

„Weit gefehlt!", meint Johanna. „Ich habe sogar besonders scharf nachdenken müssen, um geeignete Zahlen für unsere Tabelle zu erfinden. Du solltest schließlich nicht irgendeine x-beliebige Kostentabelle bekommen, sondern eine, die vielen Herstellungsprozessen entspricht. Dieser Verlauf der Kurve der gesamten Kosten ist typisch für viele Produktionen! Die Gesamtkosten steigen immer schneller. Bevor wir zu den Details dieses Umstandes kommen, solltest du aber auch sehen, dass du Fixkosten und variable Kosten in dieser grafischen Darstellung auch sehr schön trennen kannst. Die Gesamtkosten zerfallen immer in diese beiden Komponenten. Deshalb kannst du die Fixkosten, die sich ja nicht ändern, als horizontale Linie auf dem Niveau des Schnittpunktes der Kurve der Gesamtkosten mit der vertikalen Achse, also den Kosten, die bei einer Herstellungsmenge von Null anfallen, zeichnen. So:

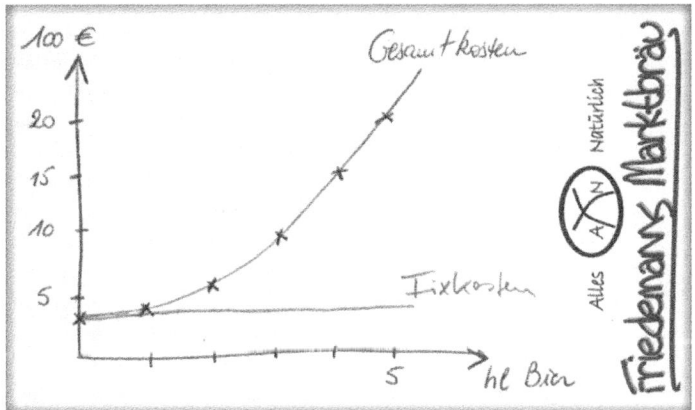

Dann entfällt der Rest der Gesamtkosten, also der Abstand von dieser Fixkosten-Gerade bis zur Kurve, auf die variablen Kosten. Tu mir doch mal einen Gefallen und trag die Werte in die Tabelle ein!"

Meinhard vertieft sich in die Tabelle und legt dann sein Werk vor.

hl Bier	Gesamte Kosten (in 100 €)	Variable Kosten (in 100€)
1	5	1
2	7	3
3	10	6
4	14	10
5	19	15

Fixkosten: 400 €

„In der Tabelle wird die immer steiler werdende Kurve der Gesamtkosten aus der Grafik, also der Kostenverlauf mit der Beschleunigung des Anstiegs der Gesamtkosten aber nicht so schön erkennbar!", wendet er ein.

„Dazu müssen wir die Tabelle nur etwas ergänzen! Mach mal folgendes: Ermittle doch für jede neue Zeile bzw. Herstellungsmenge, *um wie viel die Gesamtkosten jeweils im Vergleich zur Zeile/Herstellungsmenge davor ansteigen*! Mach also noch eine neue Spalte rechts neben die beiden letzten für die fixen und variablen Kosten, ein bisschen Platz hast du ja noch!"

Während Meinhard mit dem Rechnen beschäftigt ist, bestellt Johanna für die beiden einen neue Runde. Als Meinhard fertig ist mit dem Rechnen, schreibt Johanna über die neue Spalte den Begriff *Grenzkosten*.

hl Bier	Gesamte kosten (in 100€)	Variable Kosten (in 100€)	Grenz-kosten (in 100€)
1	5	1	1
2	7	3	2
3	10	6	3
4	14	10	4
5	19	15	5

Fixkosten: 400 €

Alles AN Natürlich — Tiedemanns Marktbräu

„Was du gerade ausgerechnet hast, ist eine in den Gesamtkosten versteckte Kostenkategorie, die ganz wichtig ist. Die *Grenzkosten* sagen dir, was eine *zusätzliche* Mengeneinheit an *zusätzlichen* Kosten verursacht oder auch was du an Kosten einsparst, wenn du eine Einheit weniger herstellst, als du es gerade tust: Je nachdem, von welcher Richtung du die Angelegenheit betrachtest. Du kannst, wenn du dir die Grenzkosten anschaust, auch den Kurvenverlauf in unserer Zeichnung der Gesamtkosten besser erkennen: Die Grenzkosten nehmen zu! Warum die Grenzkosten bei ganz vielen Produktionsprozessen zumindest ab einem bestimmten Punkt ansteigen, ist gar nicht so schwer zu verstehen. Dazu müssen wir aber erst etwas sehr Naheliegendes, aber häufig Übersehenes klären. Nämlich: Woher kommen denn die hübschen, kleinen Kosten? Bringt die etwa der Storch? Oder der Weihnachtsmann?"

„Nun ja, wenn du mich so fragst: Eine erkennbare Ursache haben die Kosten schon, nämlich die Herstellung. Von Nix kommt Nix!", fasst Meinhard seine Gedanken dazu zusammen.

„Wie du das immer so schön prägnant formulierst! Kosten entstehen bei der Produktion, und deswegen hängen Kosten und Produktion sehr eng zusammen. Wie eng, das kann ich dir am besten mit einem Filzstift und einem Stück Cellophanpapier zeigen. Einen Filzstift habe ich hier und, ach ja: gib mir doch die Verpackung der Erdnüsse da, die ist in Cellophan eingewickelt!"

Jetzt ist Meinhard gespannt auf das kleine Experiment, das sich hier offenbar anbahnt.

„Zuerst zeichnen wir einen Produktionsprozess. Nehmen wir vielleicht einen Produktionsprozess, der im Kopf des Herrn Meinhard stattfindet. Du lernst für ein Fach und produzierst Klausur-Wissen. Was wir zeichnen wollen, ist der Zusammenhang von Zeit, die du mit Lernen verbringst – dem Input – und dem damit erzeugten Wissen für die Klausur – dem Output des Produktionsprozesses. Ich schreibe hier ‚I' für Input und ‚O' für Output hin. Die Zeit messen wir in Stunden und das Wissensniveau in der Anzahl von richtigen Antworten bei Multiple-Choice-Fragen in der Klausur." Johanna schaut Meinhard fragend an, als sie den Stift bei der ersten Stunde ansetzt. „Wie viel lernst du in der ersten Stunde?"

„Also, da beschäftige ich mich mit den Grundlagen und dem Stoff, der mit großer Wahrscheinlichkeit dran kommt. Vielleicht kann ich mit zehn richtig gelösten Multiple-Choice-Fragen rechnen", vermutet er.

Johanna trägt den Punkt in die Grafik ein. „Auf der O-Achse haben wir jeweils zehn Punkte pro Teilungsstrich. Weiter geht's: Wie sieht es mit der zweiten Stunde aus?"

Meinhard überlegt ein wenig. „Da kommt dann der auch noch wichtige, aber nicht mehr ganz so klausurverdächtige Stoff dran. Vielleicht schaffe ich acht Fragen mehr, also insgesamt 18!"

Johanna trägt auch diesen Punkt ein.

„Das wird jetzt so weiter gehen", wird Meinhard leicht ungeduldig. „Sechs zusätzliche richtige Antworten in der nächsten Stunde, in der ich Randgebiete wiederhole, und vielleicht noch vier zusätzliche richtige Antworten in der nächsten, in der ich auch schon leicht müde werde und außerdem solchen Stoff wiederhole, der nur noch mit kleiner Wahrscheinlichkeit dran kommt."

Johanna verbindet alle Punkte mit dem Stift. Außerdem malt sie neben das ‚I' noch ein ‚U', durch das sie im unteren Bereich zwei kleine Striche zieht.

„Das ist jetzt deine Produktionsfunktion für Klausurpunkte! Sie weist etwas auf, was man *abnehmende Grenzprodukte*' nennt – zusätzliche Inputeinheiten vergrößern den Output um immer geringere zusätzliche Mengen, das Gesamtprodukt ‚Klausurwissen' nimmt Stunde um Stunde zwar insgesamt zu, aber um immer weniger! Und dies ist das Symbol für den Vampir Klausurtermin, der dir nicht das Blut, aber deine Zeit aussaugt!"

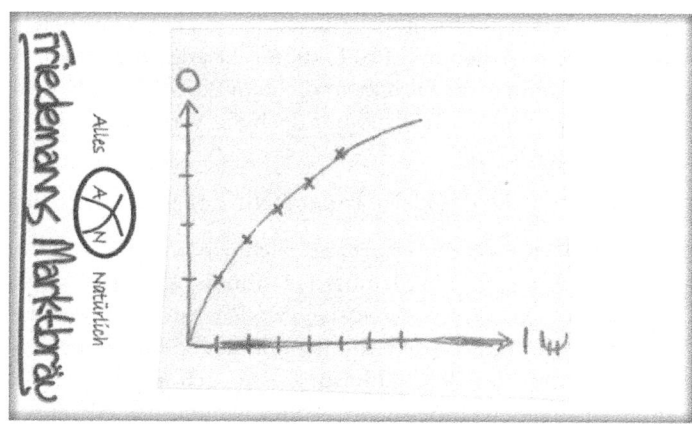

„Wenn ich mir die Grafik ansehe, dann kann ich für die Zeit, die ich mit Lernen verbringe, den dazu gehörenden Output an richtig gelösten Multiple-Choice-Fragen ablesen! Dazu schaue ich mir auf der Input-Achse, also auf der Achse mit den Stunden Lernzeit, einen bestimmten Punkt an und suche dann auf der Output-Achse, den durch das Lernen erzeugten, dazugehörenden Output in Gestalt von richtig gelösten Multiple Choice-Fragen oder Klausurpunkten. Mein Wissen hängt davon ab, wie viel ich lerne", fasst Meinhard die Informationen der Grafik zusammen.

„So – und nun pass mal auf!" Johanna freut sich schon auf den Effekt, den sie erzielen will. Sie nimmt die Cellophanfolie mit der Produktionsfunktion, wendet sie und legt sie wieder auf den Tisch:

„Abrakadabra! Hier ist die Kostenfunktion!"

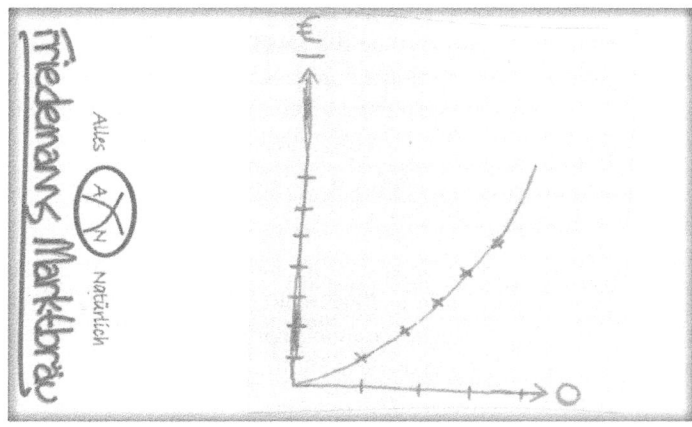

Meinhard staunt nicht schlecht.

„Du hast die Folie einfach umgedreht! Aus dem Vampirzeichen ist jetzt das Euro-Zeichen geworden! Das soll mich wahrscheinlich an die Opportunitätskosten des Lernens erinnern! Ich hätte ja statt zu lernen auch meinem Job nachgehen und Geld verdienen können – Einkommen, das ich nicht habe, wenn ich lerne. Oder ich verzichte auf Freizeit, die mir natürlich auch etwas bedeutet und daher Opportunitätskosten darstellt."

„Und die Betrachtungsrichtung dreht sich – mit unserer Cellophanfolie sozusagen – ebenfalls um. Während bei der *Produktionsfunktion* die Herstellungsmenge vom Input abhängt, hängt bei der *Kostenfunktion* der Euro-Wert für die Inputmenge, mit anderen Worten: die Kosten, von der hergestellten Menge, mit anderen Worten: vom Output ab. Dennoch ist, wie du siehst, im wesentlichen der gleiche Sachverhalt dargestellt, nämlich dass du für die Herstellung von etwas, in unserem Beispiel Klausurpunkten, Inputs opfern musst, die etwas kosten, in unserem Beispiel Stunden deiner Zeit."

„Und steigende Grenzkosten sind dann einfach nur abnehmende Grenzprodukte, die gewendet wurden!", gibt Meinhard seinem Aha-Erlebnis Ausdruck.

„Sozusagen!", bestätigt Johanna. „Jedenfalls so ungefähr! Aber lass uns jetzt nochmal einen Blick auf die Tabelle werfen, weil dort noch eine Kostenart fehlt, die für die Produktionsentscheidungen auch eine Rolle spielt. Wenn du etwas herstellst, dann interessiert dich meist auch, was ein Stück deiner Produktion gekostet hat. Du könntest dich etwa fragen, was dich eine richtige Antwort bei den Multiple-Choice-Fragen gekostet hat. Das ist abhängig davon, wie viel Klausurwissen du produzierst. Lernst du nur eine Stunde, dann kostet dich eine richtige Antwort 1/10 dieser Stunde bzw. den entsprechenden Verdienstausfall von 1/10 Stundenlohn. Lernst du zwei Stunden, dann kostet dich eine richtige Antwort 2/18, also 1/9 einer Stunde und damit mehr Zeit und Verdienstausfall. Diese Kosten eines Stückes der Produktion heißen wenig irreführend *Stückkosten*. Wenn du aber mehr Eindruck schinden willst, kannst du auch einen anderen Begriff verwenden, nämlich *durchschnittliche Gesamtkosten*. Wir haben noch Platz auf unserem Block und können die Tabelle mit den erfundenen Zahlen für die Bierproduktion um eine weitere Spalte ergänzen. Dazu müssen wir einfach nur die Gesamtkosten durch die Herstellungsmenge teilen. Darf ich bitten? ‚Übe, übe, übe – so trainierst du deine Rübe' lautet schließlich eine alte Lern-Regel!"

„Und das alles ohne Taschenrechner!", beschwert sich Meinhard und macht sich ein wenig unwillig ans Werk.[4]

„Ich weiß nicht, ob dich das ein wenig anspornt, aber wenn du die Werte ausgerechnet hast, dann können wir eine bestimmte Regelmäßigkeit in der Tabelle erkennen, die von erheblichem Belang ist", versucht Johanna Meinhard für die Rechnerei zu gewinnen. Er legt nach einigem Grummeln die erweiterte Tabelle vor:

hl Bier	Gesamte Kosten (in 100€)	Variable Kosten (in 100€)	Grenz- kosten (in 100€)	Stück Kosten (in 100€)
1	5	1	1	5
2	7	3	2	3,5
3	10	6	3	3,3
4	14	10	4	3,5
5	19	15	5	3,8

Fixkosten: 400 €

Friedenans Marktbräu — Alles AN — natürlich

---

4 Buch-Hinweis für angehende Kopfrechner: Arthur Benjamin und Michael Shermer (2007): Mathe-Magie. München: Heyne.

„So, jetzt guck dir doch einmal deine neu errechneten Werte für die Stückkosten alias durchschnittliche Gesamtkosten an! Fällt dir daran etwas auf?", fragt Johanna.

„Also: Zuerst fallen sie mit zunehmender Menge, dann steigen sie. Mehr kann ich jetzt eigentlich nicht erkennen", ist Meinhard ein wenig ratlos.

„Dann machen wir doch einmal folgendes: Zeichne jetzt nur die Stückkosten und die Grenzkosten in eine Grafik!"

„Heute muss ich aber ganz schön ackern! Aber OK, wenn es der Wahrheitsfindung dient..." Meinhard nimmt sich einen neuen Bogen vom Block und zeichnet die beiden Kurven anhand der Werte aus der Tabelle.

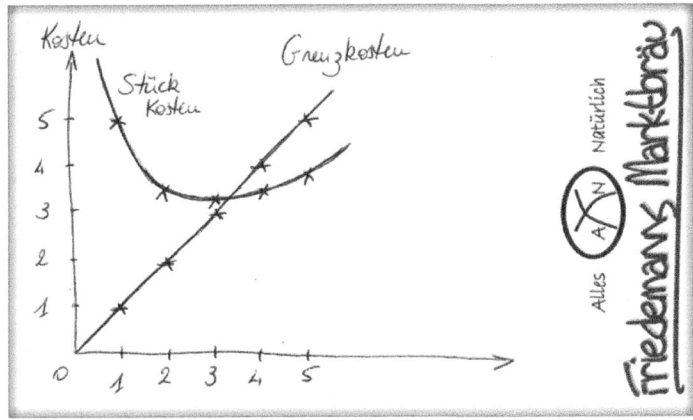

„Aha!", wird ihm beim Blick auf seine Zeichnung klar, „Ich sehe jetzt, was ich in der Tabelle tatsächlich nicht erkennen konnte: Die Stückkosten steigen ab dem Punkt, wo die Stückkosten-Kurve von der Grenzkosten-Kurve geschnitten wird! Ab der Herstellungsmenge von drei hl."

„Sehr aufmerksam! Und ich gebe auch gerne zu, dass das aus der Tabelle wirklich nicht so leicht zu erkennen ist! Was meinst du: Zufall oder System?"

„Nachdem du das vorhin eine – darf ich zitieren? – ‚bestimmte Regelmäßigkeit' genannt hast, wird es sicher kein Zufall sein!", vermutet Meinhard.

„Ist es auch nicht. Und wenn du ein wenig überlegst, wirst du auch gleich sehen, warum das so sein muss. Nimm mal an, du errechnest zum Semesterende nach den Klausuren deine Durchschnittsnote. Die Noten, die neu bekannt werden, sind, wenn du so willst, deine *Grenznoten* – um so viel erhöht sich die Summe deiner Noten. Du stehst im Durchschnitt auf 2 und nun kommt die 1 in Volkswirtschaftslehre als Grenznote hinzu. Was passiert mit deiner Durchschnittsnote, wenn du diese Grenznote berücksichtigst?"

„Meine Durchschnittsnote wird besser – also der Wert fällt. Ich stehe jetzt auf Eins-Komma-Irgendwas."

„OK, jetzt kommt die nächste Grenznote, du hast leider das Seminar über interkulturelles Management vergeigt und nur eine 3 gekriegt. Was passiert nun mit deiner Durchschnittsnote, die du neu berechnest?"

„Sie wird schlechter, der Wert wird größer.... Ich glaube, ich weiß, worauf du hinaus willst: Solange meine Grenzkosten kleiner sind als meine Durchschnittskosten, fällt der Wert für diese. Sind die Grenzkosten größer, dann steigen die Durchschnittskosten. Also muss der kleinste Wert der Durchschnittskosten bei stets steigenden Grenzkosten dort sein, wo die Grenzkosten gleich den Durchschnittskosten sind. Vorher fallen sie, nachher steigen sie – was vorher fällt und nachher steigt, sieht wie ein *U* aus und muss also ein Minimum durchlaufen!" Meinhard triumphiert, sichtlich stolz.

„Und damit haben wir uns jetzt wirklich verdient, dass nun Friedemanns Brau-Produkt zunächst unsere Kehlen und dann im Bauch verschiedene lokale Minima durchläuft! Prost!", hebt Johanna ihr Glas.

Der 8. Abend: Friedemann bekommt Konkurrenz — jedenfalls im Geiste

Meinhard und seine Holzbausteine

Meinhard hat sich bei Johanna gerade ausgeheult. Die Matheklausur steht an, und die Differentialrechnung versetzt ihn in leichte Panik. Er hat sich die Ableitungsregeln zwar inzwischen eingebläut, aber irgendwie fehlt ihm der Blick für Sinn und Zweck der ganzen Angelegenheit.

„Das kann es doch wirklich nicht sein!", beklagt er sich. „Klar kann ich mir merken, dass die erste Ableitung von x hoch n gleich n mal x hoch n minus eins ist. Das habe ich sogar schon meinem Neffen beigebracht, der ist jetzt fünf. Aber deswegen kann der doch nicht Differentialrechnung – und ich genauso wenig."

Johanna beruhigt ihn.

„Die Differentialrechnung ist ein sehr nützliches Werkzeug, wenn es darum geht, Veränderungen von etwas zu untersuchen, das von etwas Anderem abhängt. Solche Überlegungen sind dir doch nicht fremd: Wie ändert sich mein Mathe-Wissen, wenn ich noch eine weitere Stunde für die Klausur lerne? Wenn du entscheiden willst, ob doch noch Mathe lernen sollst, oder lieber was anderes tun, dann musst du eine Vorstellung davon haben! Oder für unsere Zwecke zum Beispiel: Wie ändert sich dein Spaß, wenn du noch ein weiteres Bier trinkst? Denn dein Spaß hängt zumindest teilweise auch vom Bier ab – sonst würdest du es wohl kaum trinken! Dass es bedeutsam ist, das zu wissen, haben wir doch schon gleich zu Beginn unserer Treffen gesehen[1]. Im Wesentlichen geht es bei Fragen, die mit ‚Wie viel' beginnen, häufig um eine Grenzbetrachtung oder etwas beeindruckender: um eine Marginalanalyse. Wie viele Schritte soll ich tun? Nun ja, ich mache den nächsten Schritt – bringt der mich weiter oder nicht. Wenn du beim Erklimmen eines Hügels plötzlich in einen Nebel gerätst und deine Hand nicht mehr vor Augen siehst – wie kannst du trotzdem weiter nach oben kommen? Du machst einen Schritt. Geht es dabei abwärts, dann änderst du die Richtung – und zwar solange, bis es aufwärts geht. Das ist auch Marginalanalyse! Oder nimm deine Konsum-Entscheidung: Wie viele Bierchen soll ich trinken? Du fragst dich für das erste Bier: Ist mein Spaß in Euro, mein Grenzspaß, größer als der

---

[1] Vgl. den 2. Abend!

Preis? Falls ja, bestellst du. Dann fragst du dich das Gleiche für das zweite Bier und gegebenenfalls auch für weitere Biere. Oder hast du schon mal nach Erwägung deiner Präferenzen eine Bestellung über die Anzahl von Gläsern Bier abgegeben, die du am Abend zu trinken gedenkst? Siehst du! Schon wieder eine Marginalanalyse. Oder nimm Friedemann, der sich überlegt, wie viele Liter Bier er herstellen soll. Das macht er am besten auch mit einer Marginalanalyse."

„Da bin ich nun aber gespannt!", zeigt sich Meinhard neugierig.

Johanna äußert aber zunächst eine Bitte:

„Hast du noch die Tabelle mit Friedemanns Kosten von unserem letzten Treffen? Die brauchen wir jetzt nämlich nochmal. Aber zuerst müssen wir uns überlegen, was Friedemanns Ziel bei der Bierproduktion sein soll!"

Meinhard wird pathetisch:

„Na ist doch klar: Friedemann ist beseelt vom Gedanken, uns alle glücklich zu machen! Er braut sein Bier, damit wir vor der güldenen Pracht mit Schaum sitzen, unsere Schwätzchen halten und uns wohlfühlen! Nichts treibt ihn an als unser Wohlergehen, selbstlos bis zur Erschöpfung verrichtet er sein Tagwerk!"

„Haha! Aber OK, ich weiß, was du mir sagen willst und bin damit einverstanden: Nehmen wir also an, er möchte seinen Gewinn aus dem Kneipenbetrieb und dem Bierausschank so groß und stattlich haben, wie es eben geht. Er mag ja durchaus auch andere Motive haben, aber das dürfte sicher das bedeutende sein. Der Gewinn ist das, was ihm übrig bleibt, wenn er von seinem Umsatz die Gesamtkosten abzieht – seine wahren, echten und vollständigen Opportunitätskosten wohlgemerkt. Wir müssen uns also seinen *Umsatz* angucken und seine *Kosten*, und müssen uns überlegen, was Friedemann als rationalem Entscheider so durch den Kopf gehen sollte, wenn er über seinen Maximalgewinn bei der Bierproduktion nachdenkt."

„Und wir müssen dabei eine Grenzbetrachtung anstellen! Das hast du jedenfalls angekündigt!", erinnert Meinhard.

„In der Tat. Zum Glück hast du ja die Tabelle mit unserem Beispiel für Friedemanns Produktionskosten dabei."

„Ich werfe doch keine deiner künstlerischen Skizzen weg!" Meinhard hat mit gespielter Empörung das Blatt vom Rechnungsblock schon auf den Tisch gelegt.

hl Bier	Gesamte Kosten (in 100 €)	Variable Kosten (in 100 €)	Grenz- Kosten (in 100 €)	Stück Kosten (in 100 €)
1	5	1	1	5
2	7	3	2	3,5
3	10	6	3	3,3
4	14	10	4	3,5
5	19	15	5	3,8

Fixkosten: 400 €

Friedemanns Marktbräu — Alles A A N Natürlich

Zufrieden über den Ordnungssinn Meinhards beginnt Johanna:

„So das wären also die *Kosten*. Über seinen *Umsatz* wissen wir auch einiges, obwohl wir den Umsatz selbst nicht kennen. Wir kennen aber eine Größe, die für die Berechnung des Umsatzes bedeutend ist, nämlich den Preis, den Friedemann für ein Bier in seinem Lokal haben will: ein Euro 90 Eurocent für 0,3 Liter. Lass uns für heute mal annehmen, dass 80 Cent für andere Inputs fällig werden als das gebraute Bier, also etwa für den Service oder das Spülen der Gläser. Dann bleibt ein Euro zehn Cent für das Bier selbst übrig. Für einen Hektoliter bekommt er dann, zück mal deinen Taschenrechner: 100 Liter geteilt durch 0,3 mal 1,10 Euro."

Meinhard tippt auf seinem Rechner herum, den er seit dem letzten Mal vorsichtshalber[2] lieber mit zu den Treffen mit Johanna bringt.

„Er kriegt für einen Hektoliter Bier, den er hier in seiner Kneipe verkauft, etwas aufgerundet 370 Euro."

„Das ist also sein Umsatz für einen weiteren verkauften Hektoliter Bier. Da er als Gastwirt dem Wettbewerb ausgesetzt ist, kann er den Preis, den er für ein Bierchen nimmt, nicht allein bestimmen. Wenn er mehr nehmen würde, dann würden wir uns nicht mehr bei ihm treffen, sondern halt in einer der anderen, auch netten Kneipen in der Umgebung. Wenn er weniger nehmen würde, dann wäre es hier schnell so voll, dass er Probleme bekommen würde. Die Konkurrenz sorgt dafür, dass er keine Hoheit über seine Preise hat. Der Preis ist eine Schraube, an der er bei der Beeinflussung seines Umsatzes nicht so richtig drehen kann.[3] Die einzige bedeutsame Möglichkeit für

---

2   Vgl. den 7. Abend, an dem Meinhard sehr viel Kopfrechnen musste.
3   Streng genommen wird Friedemanns Bier auf einem Markt verkauft, der als *monopolistische Konkurrenz* bezeichnet wird: Eine gewisse Marktmacht und ein daraus resultierender kleiner Spielraum bei der Preisgestaltung trotz zahlreicher Konkurrenten sind darauf zurückzuführen, dass ein Bier bei Friedemann eben ein besonderes Bier ist, für das es keinen *vollkommen*

Friedemann, seinen Umsatz zu beeinflussen, besteht darin, einfach mehr Bier zu produzieren und es dann zu verkaufen. Allerdings hat das auch einen Nachteil: Es bringt Kosten mit sich."

„Ich ahne, wohin die Reise geht! Darf ich spekulieren?"

„Nur zu!", ermuntert Johanna.

„Die Grenzbetrachtung, die du mir gleich erklären wirst, hat damit zu tun, dass Friedemann schrittweise über seine Produktionsmenge und die damit zusammenhängenden Vorteile, nämlich Umsätze, und Nachteile, nämlich Kosten, nachdenkt. Bei jedem Schritt wird er sich fragen, um in deinem Bild von vorhin zu bleiben: Geht es bergauf mit meinem Profit oder geht es bergab?"

„Volltreffer! Lass uns als für den ersten Hektoliter klären, ob das ein vernünftiger Schritt nach oben ist!"

Meinhard ist in guter Form, jedenfalls fast:

„Der Vorteil der Herstellung des ersten Hektoliters ist die Vermehrung des Umsatzes um 370 Euro. Das gilt auch für alle weiteren Hektoliter: Immer steigt der Umsatz um 370 Euro. Der Nachteil der Herstellung des ersten Hektoliters ist, dass Friedemanns Kosten ansteigen, nämlich von 400 auf 500 Euro. Hm, diesen ersten Hektoliter würde er also gar nicht herstellen, weil nämlich seine Kosten über seinem Umsatz liegen und er einen Verlust von 500 Euro minus 370 Euro, also 130 Euro machen würde."

„Schon die *sunk costs* vergessen, mein Bester?", raunt Johanna.

„Oh ja, sorry! Natürlich! Seine fixen Kosten von 400 Euro sind ihm ja ohnehin schon entstanden. Produziert und verkauft er den ersten Hektoliter also nicht, dann entsteht ihm ein noch viel höherer Verlust von 400 Euro", korrigiert Meinhard sich selbst.

„In der Tat macht er mit der Herstellung des ersten Hektoliters noch keinen Gewinn, aber er trägt bereits erheblich zur Verkleinerung eines Verlustes bei! 130 Euro Miese ist besser als 400 Euro Miese", unterstreicht Johanna.

Meinhard hat sich aber nicht einschüchtern lassen und bleibt unbeirrt:

„Fahren wir also mit Schritt zwei fort: Wie steht es mit dem nächsten Hektoliter? Hier haben wir wieder die Umsatzmehrung von 370 Euro zu vergleichen mit der Wirkung auf die Kosten, die dieser nächste Hektoliter hat. Diese Wirkung auf die Kosten ist in der Tabelle in der Spalte *Grenzkosten* ja schön aufgelistet! Die Gesamtkosten steigen von 500 Euro auf 700 Euro an, also um 200 Euro. Der Vorteil des zweiten Hektoliters überwiegt den Nachteil um 170 Euro! Also ist auch der zweite Schritt noch ein Schritt nach oben."

---

gleichwertigen Ersatz anderswo gibt. Wir gehen aber mit unseren beiden Freunden unbeirrt von einem Konkurrenzmarkt aus.

Johanna sieht, dass Meinhard das Prinzip bereits erkannt hat und kürzt etwas ab:

„Da der Vorteil in unserem Beispiel, der Grenzerlös von Friedemann, ja schön konstant bei 370 Euro bleibt, können wir das Rätsel um den größtmöglichen Profit zügig klären, indem wir uns für die weiteren Hektoliter-Schritte immer die Grenzkosten ansehen. Und die übersteigen beim dritten Hektoliter auch noch nicht den Grenzerlös. Aber beim vierten Hektoliter! Stellt Friedemann den vierten Hektoliter her und verkauft die Produktion, dann steht einer Umsatzmehrung von 370 Euro eine Kostenmehrung von 400 Euro gegenüber – ein Schritt bergab, nämlich um 30 Euro!"

Meinhard fasst für sich zusammen:

„Friedemann muss also zusehen, dass seine Grenzkosten nicht über den in diesem Fall konstanten Grenzerlös ansteigen. Er wählt die Herstellungsmenge, bei der die Grenzkosten gerade noch *unter* dem Grenzerlös sind, was ihm noch einen weiteren Zuwachs zum Gewinn beschert. Bei dieser schrittweisen Betrachtung eigentlich ganz logisch! Am Ende ist sein Gesamtprofit maximal."

Johanna hat Meinhard nun dort, wo sie ihn gerne haben wollte und holt zum entscheidenden Gedanken aus:

„Wir haben in unserem Beispiel angenommen, dass die kleinste Einheit, über deren Produktion Friedemann nachdenkt, der Hektoliter ist. 370 Euro war unser hypothetischer Preis des Hektoliters. Nun aufgemerkt, mein Adept! Der Preis ist bei Unternehmen, die im Wettbewerb stehen, eine Größe, an der ein einzelnes Unternehmen nichts ändern kann. Das liegt daran, dass es, erstens, bei vielen Konkurrenten keinen Sinn macht, zu einem höheren Preis als die Konkurrenz anzubieten, weil ja sonst die Kunden abwandern. Zweitens liegt es daran, dass es so viele Unternehmen sind, dass die Produktion eines dieser Unternehmen in der Gesamtproduktion kaum auffällt und es auf Deubel komm raus produzieren kann, ohne dass das *gesamte Angebot*, also die Produktion *aller* Anbieter zusammen, sich nennenswert ändert. Damit bleibt die gesamte Angebotsmenge, die für den Preis wichtig ist, halbwegs konstant – egal, wie viel der einzelne kleine Anbieter herstellt. Ein wesentliches Resultat einer solchen Konstellation ist, dass ein Unternehmen auf einem Wettbewerbsmarkt einen konstanten Grenzerlös hat – und der ist genauso hoch wie der Preis!"

Johanna macht eine dramaturgische Pause und ergänzt dann mit Betonung in der Stimme:

„Also ist die Grenzkostenkurve des Unternehmens seine Angebotskurve!"

„Hier sehe ich aber noch Erklärungsbedarf!" Meinhard runzelt die Stirn.

„Also gut. Hier hast du die Grafik, die Friedemanns Grenzkosten für verschiedene Einheiten von Hektolitern Marktbräu darstellt. Ich habe einfach das Zahlenmaterial aus unserer Tabelle visualisiert!"

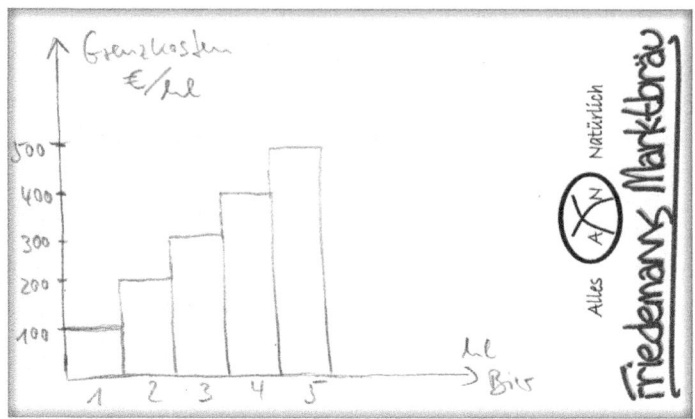

Sie fügt hinzu:

„Ich trage nun zunächst unseren Hektoliterpreis von 370 Euro ein. Der Schnittpunkt der Preislinie mit der Grenzkostengrafik gibt uns die Herstellungsmenge, die Friedemann als profitmaximierender Wettbewerber wählt.“

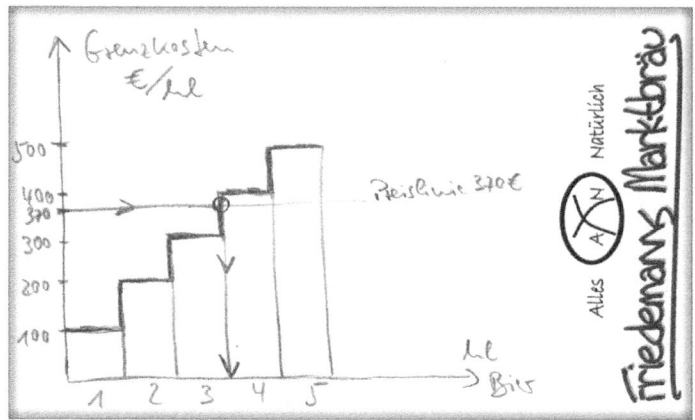

„Drei Hektoliter, genau! So hatten wir das ja aus der Kostentabelle hergeleitet. Hier haben wir denselben Sachverhalt jetzt grafisch: Der Schnittpunkt der Preislinie bei 370 Euro mit der Treppengrafik mündet auf der Mengenachse in die profitmaximale Menge von drei Hektoliter Bier“, liest Meinhard Johannas Grafik.

Und die ergänzt, während sie noch eine Preislinie einzeichnet:

„Bei einem anderen Preisniveaus für den Hektoliter, etwa 450 Euro, gibt uns die Grenzkostengrafik erneut die profitmaximale Herstellungsmenge von Friedemann, in diesem Fall vier Hektoliter…"

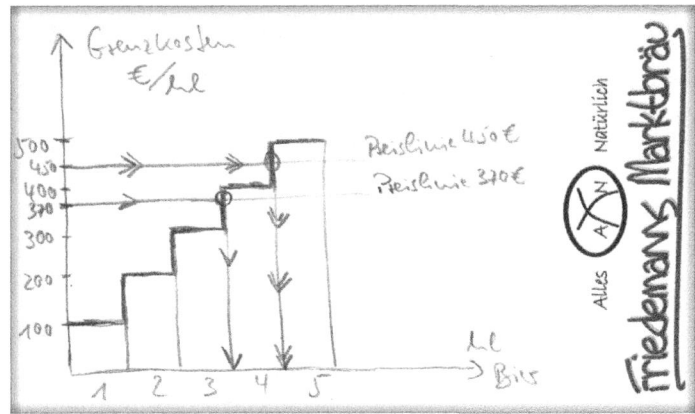

„…und so weiter, und so fort, bis die Kühe heimkommen, wie der Amerikaner so schön sagt.[4] Immer gibt uns die Grenzkostengrafik für verschiedene Preise die profit-maximale Herstellungsmenge für Friedemann. Damit wird die Grenzkostengrafik zu seiner Angebotskurve, die für verschiedene Preise die Angebotsmengen angibt!"

Misstrauisch beäugt Meinhard den Block eine Weile, aber schließlich fällt der Groschen bei ihm.

„OK, der Erklärungsbedarf ist befriedigt! Manchmal steigt man mit einer Grafik halt doch leichter durch! Aber jetzt drängt sich mir ein Verdacht auf: Bis jetzt haben wir ja nur Friedemanns Angebot angeguckt. Wenn ich jetzt die Angebotskurve für *alle* Bier-produzenten haben möchte, dann wird sicherlich wieder so etwas nötig sein, wie wir es bei der Zusammenfassung der einzelnen Nachfragegrafiken zu einer Marktnachfra-ge schon gemacht haben: Wie müssen die Grenzkosten von Friedemann und seinen Konkurrenten in einer Grafik zusammenfassen. Wir fangen dabei links mit den Her-stellern an, die besonders niedrige Kosten haben."

Johanna hat ein neues Blatt vom Block gezogen und beginnt zu kritzeln.

„Wir machen es uns wieder so einfach wie möglich und nehmen einen ‚Markt' mit nur zwei Produzenten. Friedemann haben wir schon, da brauchen wir also nur noch einen anderen Brauer. Hier habe ich die Grenzkosten des anderen Brauers notiert. Sie steigen ebenfalls im 100er-Schritt, allerdings um 50 Euro versetzt. Wir können aus diesen Informationen über die Grenzkosten des anderen Brauers, der die gesamte ‚Konkur-

---

4   Der Amerikaner sagt das natürlich auf amerikanisch: „Until the cows come home."

renz' zu Friedemann auf dem Wettbewerbsmarkt darstellt[5], eine ähnliche Angebotskurve für diesen anderen Brauer konstruieren. Die male ich gleich neben die Grenz-
kostentabelle:

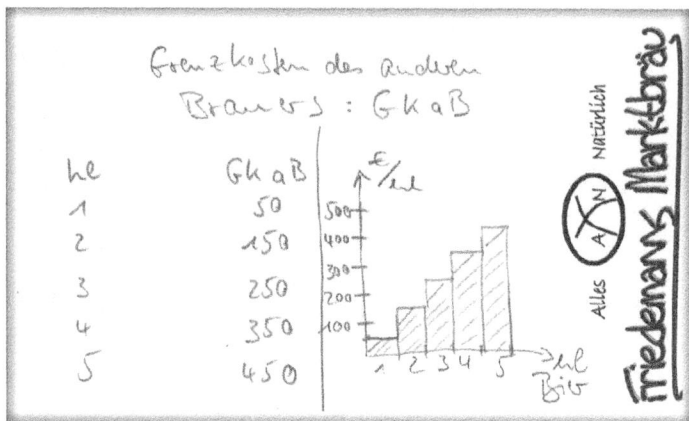

Wenn wir nun die zwei Produzenten des ‚Marktes' gemeinsam betrachten, wird klar,
wie die Angebotskurve für den Markt zustande kommt. Ich zeichne das am besten auf.
Die Grenzkosten-Säulen für den anderen Brauer schraffiere ich wieder, dann wird die
Marktkurve klarer."

Johanna ist ein Weilchen beschäftigt – Meinhard genehmigt sich in der Zwischenzeit
diskret zwei Schlückchen Bier.

„So!" Sie legt das Blatt vor Meinhard auf den Tisch.

---

[5]   Es ist natürlich klar, dass bei nur zwei Produzenten keine besonders intensive Konkurrenz zu
       erwarten sein wird! Aber wir wollen hier ja nur das Prinzip kennen lernen – und mehr als
       zwei Brauer passen schlecht auf ein Blatt des Rechnungsblocks!

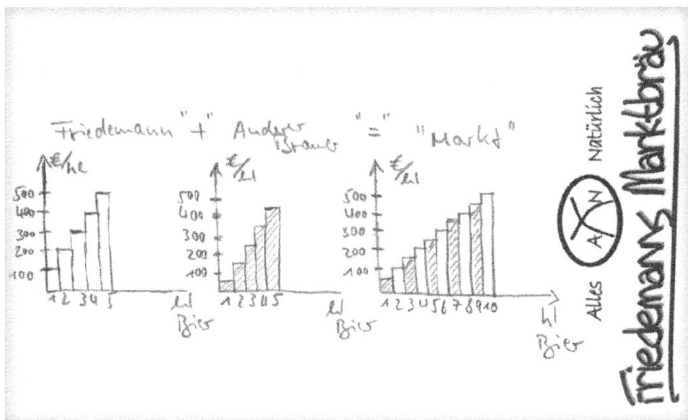

„Wenn wir den Preis schrittweise anheben, kannst du sehen, wie eine Angebotskurve für diese zwei Produzenten entsteht: Bei einem Hektoliterpreis von unter 50 bietet keiner der beiden etwas an, die Angebotsmenge beträgt Null. Bei einem Preis von 50 bis 99 bietet nur der andere Bierbrauer an, nämlich einen Hektoliter. Steigt der Preis über 100, bleibt aber unter 150, dann kommt Friedemann dazu und es bietet jeder der beiden Hersteller jeweils einen Hektoliter an, die Angebotsmenge beträgt also zwei Hektoliter. Bei 150 kommt der zweite Hektoliter des anderen Bierproduzenten noch hinzu und wir haben drei Hektoliter, die angeboten werden. Und so weiter!"

„Ich baue mir eine Treppe mit den einzelnen Stufen aus den beiden Grenzkosten-Grafiken", bemüht Meinhard ein Bild aus der Spielstube und holt sich dafür gleich eine hämische Replik ab:

„Der kleine Meinhard und seine Holzbausteine!", stichelt Johanna. „Jedenfalls kannst du sehen, dass deine Treppe immer mehr zu einer Linie wird, wenn du die Anzahl der Produzenten nur gehörig groß machst – was für einen Wettbewerbsmarkt ja nicht ungewöhnlich ist. Einen mikroskopischen Blick auf einen Ausschnitt dieser Markt-Angebotskurve mit sehr vielen Brauern und sehr vielen Hektolitern Bier habe ich dir gleich mit aufgezeichnet. Einige der Stufen in diesem Ausschnitt könnten auf Friedemann oder den anderen Brauer aus unserem Zwei-Produzenten-Beispiel zurückgehen."

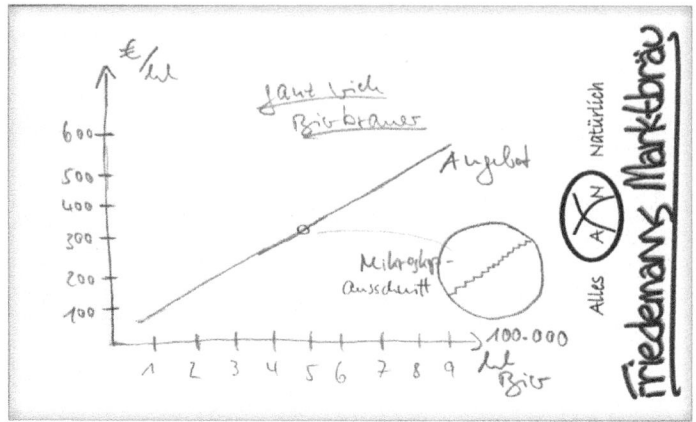

Meinhard findet die Konstruktion der Angebotskurve des Marktes aus den vielen individuellen Angebotskurven einzelner Anbieter nach der Herleitung der Marktnachfrage[6] aus Einzelnachfragekurven insgesamt recht plausibel und hat keine weiteren Fragen dazu. Ihn interessiert aber noch etwas Anderes:

„Sag mal, haben wir nicht vergessen herauszufinden, wie groß Friedemanns Profit eigentlich ist, wenn er seine drei Hektoliter produziert? Das interessiert mich jetzt aber doch auch noch!"

Johanna kramt abermals die Kostentabelle hervor.

„Also, das herauszufinden ist wirklich kein großes Kunststück mehr! Wir subtrahieren von seinem Erlös bei drei produzierten Hektolitern Marktbräu einfach die Gesamtkosten, die ihm bei der Herstellung entstehen. Sein Umsatz beträgt bei drei Hektolitern à 370 Euro insgesamt 1110 Euro. Hiervon müssen wir Gesamtkosten von 1000 Euro abziehen und erhalten damit 110 Euro Profit."

„Damit käme er pro Monat kaum über die Runden, aber wir haben ja auch nur mit erfundenen Zahlen gearbeitet."

„Und außerdem hast du eines vergessen – ich will das zu deiner Gunst einmal der inzwischen schon reichlich vorgerückten Stunde zuschreiben! Das ist *ökonomischer Profit*, bei dessen Berechnung sind Opportunitätskosten verwendet worden! Friedemann stellt sich damit um 110 Euro besser als die zweitbeste Alternative, und in der erzielt er schließlich ein Einkommen aus einer Tätigkeit als, wie heißt das gleich nochmal so schön: abhängig Beschäftigter. Außerdem erhält er dort auch noch eine Miete für seinen Laden hier. Nein, nein: Wenn unsere Zahlen stimmen würden, dann könnte er sich bei knapp 110 Euro Profit nicht groß über sein Geschäft beschweren. Das ist doch nur der über den gewöhnlichen, üblichen Profit, den Friedemann in seiner zweitbesten Alternative erwarten könnte, *hinausgehende* Profit."

---

6   Vgl. 3. Abend!

Johanna vergewissert sich kurz, ob ihr Meinhard noch folgt oder ob sein Opportunitätskosten-Schnitzer ein Indiz für den Pegel seiner Aufmerksamkeitsreserven war. Sie möchte nämlich gerne noch auf die Umstände zu sprechen kommen, unter denen die Angebotskurve sich verschiebt.

„Ich will dir aber verraten, wie Friedemann seinen Gewinn jedenfalls steigern könnte! Du erinnerst dich, dass die Grundlage für den Zusammenhang zwischen Herstellungsmenge und Kosten die Produktionstechnik ist.[7] Die Kosten kann er daher senken, wenn ihm eine bessere Technik einfällt, mit der er die gleiche Outputmenge mit einer geringeren Inputmenge produziert. Daher werden bei technischem Fortschritt die Grenzkosten sinken und damit verschiebt sich die Angebotskurve nach unten. Etwa so:"

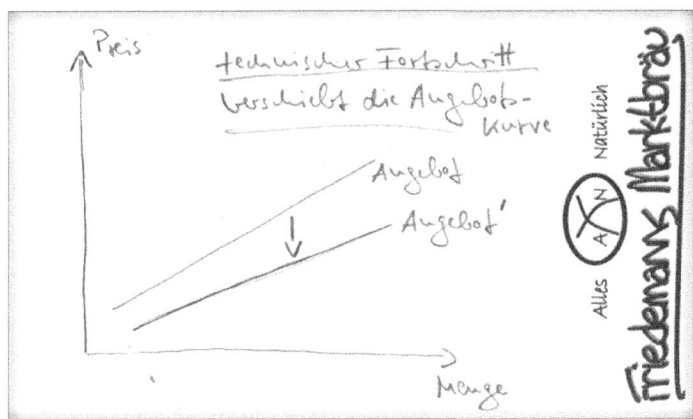

Dann fällt Johanna etwas ein und sie fügt hinzu:

„Sofern natürlich die Preise für den Input sich nicht ändern. Wir denken ja immer noch an die *ceteris paribus-Regel*, nicht wahr? Eine andere Möglichkeit für eine Kostensenkung habe ich damit auch schon angedeutet: Wenn Preise für Inputs sinken, dann kann ich ebenfalls von niedrigeren Grenzkosten ausgehen."

Meinhard liefert einen Beleg für seine geistige Präsenz:

„Klar – die Produktionskosten sind ja nichts anderes als das, was ich, in Geldeinheiten ausgedrückt, dafür hergeben muss, damit ich meine erforderlichen Inputs erhalte. Mit anderen Worten: Input mal Inputpreis. Niedrigere Kosten allein sind noch kein ausreichendes Indiz für technischen Fortschritt. Es kann ja sein, dass ich noch die gleichen Mengen an Inputs benötige, also noch mit derselben Technik produziere, dass ich aber

---

7   Vgl. 7. Abend!

einen niedrigeren Preis für mindestens einen meiner Inputs zahlen muss und dass deswegen das Produkt aus Input und Inputpreis kleiner wird."

„Während aber der Stand der Technik sich gewöhnlich nur in einer Richtung ändert, nämlich eine bessere neue Technik die schlechtere alte ablöst, können die Preise für Inputs sich nach oben *und* nach unten bewegen. Technischer Fortschritt führt dazu, dass sich die Angebotskurve nach unten verschiebt: Die Grenzkosten fallen und daher kann zum selben Preis bei besserer Produktionstechnik eben mehr angeboten werden. Das gleiche gilt auch bei sinkenden Preisen für Inputs. Steigende Inputpreise hingegen sorgen dafür, dass sich die Angebotskurve nach oben verschiebt. Einen solchen Fall male ich dir mal auf. Hier:"

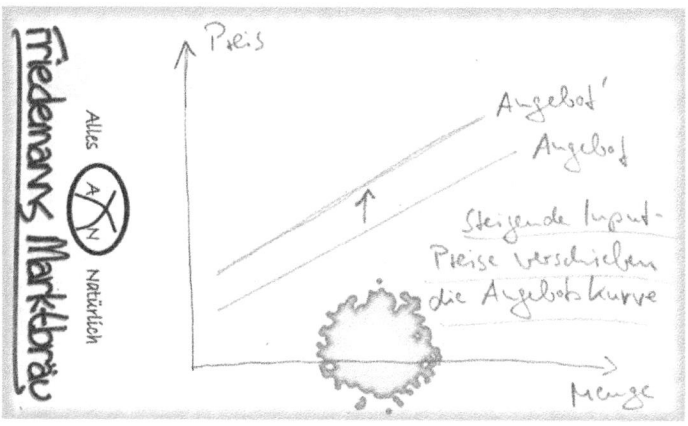

Johanna ist kaum fertig mit dem Bogen des Rechnungsblocks, als sie sich auch schon über den nächsten beugt.

„Bringen wir das Thema zum würdigen Ende: Die Angebotskurve verschiebt sich selbstverständlich auch, wenn sie die Anzahl der Anbieter ändert. Das siehst du direkt, wenn du in unser Beispiel mit den zwei Anbietern schaust und dir noch einen weiteren dazu denkst! Zum gleichen Preis wird bei mehr Anbietern eine größere Menge auf dem Markt angeboten. Daher verschiebt sich die Angebotskurve bei massivem Markteintritt neuer Produzenten nach rechts. Etwa so:"

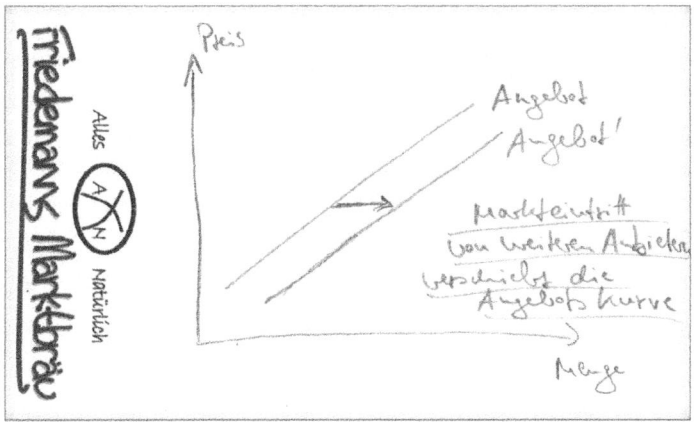

„Könnte man sagen, dass die Technik festlegt, wie viel ich mengenmäßig an Inputs zu veranschlagen habe, und dass neben dieser, durch die Technik bestimmten Mengen-komponente eben auch die Preiskomponente für die Ermittlung der Kosten bedeut-sam ist?"

Johanna greift zum Block und zeichnet den Zusammenhang für Meinhard zusammen-fassend auf.

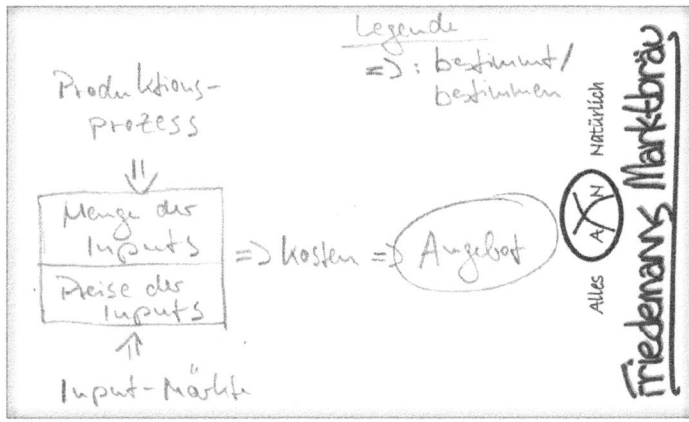

„So könnte man in der Tat sagen! Mengen und Preise der Inputs legen die Kosten fest und die Kosten sind die Basis für die Produktionsmengen-Entscheidung eines ge-winnmaximierenden Anbieters auf einem Wettbewerbsmarkt. Damit sind wiederum die Kosten und insbesondere die Grenzkosten die Grundlage für die Angebotskurve auf dem Wettbewerbsmarkt. Wenn wir also wissen wollen, wann sich die Angebots-bedingungen so ändern, dass sich in der Grafik die Angebotskurve verschiebt, dann müssen wir einfach nur zum Ursprung unserer Überlegung zurück und der war: Die Produktionstechnik mit ihrer Auswirkung auf Input*mengen*. Und wir müssen daneben die Input*preise* im Auge behalten."

„Was wir auch noch unbedingt im Auge behalten sollten", wirft Meinhard ein, „ist mein marginaler Spaß an einem Bierchen. Durch Introspektion habe ich gerade ermittelt, dass dieser einen höheren Wert als 1,90 Euro hat. Ein nächster Schritt ist also angesagt. Meine rationale Entscheidung nach Grenzbetrachtung lautet …"

Meinhard dreht sich zu Friedemann um:

„Noch ein Bierchen, bitte!"

Dann wendet er sich Johanna zu und erkundigt sich:

„Und wie steht es mit deinem Durst?"

Der 9. Abend: Papageienunterricht und Schlagzeilen

Meinhard steht Schlange

Friedemann feiert ein Jubiläum: Das *Maximahl* gibt es auf den Tag genau seit fünf Jahren, und er hat für seine Gäste daher zwei Tische mit kleinen Gratis-Köstlichkeiten aufgebaut. Johanna hat keinen Hunger, auch keinen kleinen. Aber Meinhard steht nach einigem Hin und Her dann doch auf und macht sich auf den Weg zu den beiden Schlangen vor den Gabentischen. Johanna schaut amüsiert zu, wie Meinhard versucht, die Lage zu peilen und auf dem Weg einmal zu dieser, einmal zu jener Schlange hin tendiert. Schließlich stellt er sich in der linken an, schaut sich eine Weile die Entwicklung ungeduldig an – und wechselt schließlich zur rechten Schlange über. Am Ende wäre er natürlich mit der linken Schlange ein wenig schneller am Zug gewesen, was er auch mitbekommt und was ihm offensichtlich die Freude an seinem reichlich vollen Teller mit den Lachs- und Schinken-Kanapees etwas dämmt.

Johanna begrüßt ihn, als er mit seiner Beute wieder am Tisch angelangt ist, mit den Worten:

„Da hast du ganz schön angehäuft! Wenn der Preis null ist, dann wird eben die Sättigungsmenge abgegriffen, was? Oder mit Marx: ,Akkumuliert, akkumuliert! Das ist Moses und die Propheten!'[1] Aber mal im Ernst: Du hast eben beim Anstellen genauso offensichtlich wie irrtümlich geglaubt, dass du schlauer bist als die anderen. Etwas, das du mit fast allen Leuten gemein hast, die an der Börse erfolgreich sein wollen. Schon mal was von einem ,Gleichgewicht' gehört? Wenn du verstanden hast, was das ist, dann wirst du gelassener an Warteschlangen herangehen!"

„Ich stehe an der Börse doch nicht an!", widerspricht Meinhard.

„Das nicht. Aber wenn du glaubst, du könntest dort mit System besser sein als die anderen, dann unterliegst du dem gleichen Irrtum, dem du eben unterlegen bist, als du dich für die Häppchen angestellt hast! Nämlich folgendem Irrtum: Die anderen haben irgendetwas übersehen, das nur ich sehe, und deswegen kann ich bei der Entscheidung zwischen linker und rechter Schlange oder zwischen Aktie A und Aktie B

---

1   Karl Marx: Das Kapital, Band 1, in: Karl Marx/Friedrich Engels (1972): Werke (MEW). 3. Auflage, Band 23, Berlin: Dietz, S. 621.

besser sein und die günstigere Option wählen. Was hast du denn vorhin so überlegt, bevor du dich erst links, dann rechts angestellt hast?"

Meinhard resümiert: „Na ja – erst habe ich natürlich die Anzahl der Personen in den beiden Schlangen überschlagen. Die linke Schlange war etwas kürzer. Als ich mich dort anstellte, hatte ich allerdings übersehen, dass vorne jemand seinen Teller fallen gelassen hatte, und alle anderen aufhielt, während er mit einer Serviette den Boden wischte. Deswegen hatten sich einige Leute gleich in der rechten Schlange angestellt, die deswegen etwas länger war. Ich habe mich dann auch lieber dort angestellt."

„Na jedenfalls hast du nicht auch noch versucht, aus dem Aussehen der Personen in den Schlangen Rückschlüsse auf deren Verweildauer an den Tischen zu ziehen. So nach dem Motto: ‚Der sieht hungrig aus, der braucht eine Weile.'"

„Doch, doch, das habe ich schon auch gemacht!", gibt Meinhard reumütig zu. „Aber da gab es in beiden Schlangen etwa gleich viel Kandidaten…"

„OK, dann lass uns mal Gleichgewichtsüberlegungen auf das Schlangestehen übertragen! Zunächst mal: Was ist ein Gleichgewicht? Eine Definition, die mir ganz gut gefällt, ist: *Ein Gleichgewicht ist ein Zustand mit Beharrungsvermögen.* Ändert sich nichts an den Rahmenbedingungen, dann ändert sich der Zustand nicht, er verharrt. Der verharrende Zustand bei den beiden Schlangen vor den Häppchen ist, dass die zu erwartende Verweildauer in den beiden Schlangen etwa gleich lang ist. Daran wird sich ohne größere Änderung an den Rahmenbedingungen, wie etwa der Eröffnung eines weiteren, dritten Häppchentisches, deswegen nichts ändern, weil die Leute, die sich hinten anstellen, bei ihren Entscheidungen für die jeweilige Schlange, alle verwertbaren Infos berücksichtigen. Wie etwa den Umstand, dass jemand gerade in einer Schlange seinen Teller fallen lässt. Wenn du in der Schlange ankommst, kannst du deshalb erwarten, dass es keine sichtbaren vorteilhaften Möglichkeiten mehr gibt."

„Falls es solche gibt", sinniert Meinhard, „dann nur vorübergehend, weil die Leute in der Schlange reagieren und damit die vorteilhaften Möglichkeiten eliminieren, klar! Lässt etwa einer seinen Teller fallen, dann werden Leute weiter hinten in seiner Schlange möglicherweise zur anderen Schlange wechseln. Oder, falls Friedemann noch einen dritten Tisch hereinbringt, dann werden sich die Wartenden sehr schnell in drei Schlangen mit etwa der gleichen Wartezeit neu formiert haben."

„Falls die Aktie eines Unternehmens aufgrund neuer Nachrichten attraktiver wird, dann interessieren sich die Käufer verstärkt dafür und treiben den Preis so lange nach oben, bis die neuen Nachrichten im Preis drin stecken. Das geht so schnell, und funktioniert so gut, dass du nicht erwarten kannst, systematisch besser als andere Informationen über attraktive Anlagemöglichkeiten ausnutzen zu können. Ungenutzte Profitmöglichkeiten haben die Eigenschaft, sehr schnell zu verschwinden!"

„Dein ‚Zustand mit Beharrungsvermögen' wird nach einer Störung also recht schnell wiederhergestellt!"

„Und der Grund dafür ist, dass Leute nicht systematisch bescheuert sind! Es mag ja vielleicht ein paar geben, die es wirklich sind, aber es gibt jedenfalls genug von der anderen Sorte, um sicherzustellen, dass erkennbare Profitmöglichkeiten schnell wahrgenommen werden und verschwinden! Ein Zehn-Euro-Schein liegt nicht lange in der Fußgängerzone herum! Daran sollte man sich erinnern, wenn man versucht, klüger zu sein, als der Rest! Also zum Beispiel bei der Wahl der Warteschlange!"

„Und was würdest du tun, wenn du ein bisschen Geld anlegen willst?"

„Ich würde mir die Gebühren sparen, die Leute haben wollen, die versuchen, den Markt zu schlagen und ihre Fonds anpreisen. Es gibt auch fest zusammengefügte Fonds, die einen mehr oder weniger großen Teil des Marktes einfach nachbilden und nicht ständig geändert werden, sogenannte *Index-Fonds*. Die bringen nicht selten sogar mehr als die Fonds mit aktivem Management. Aber lass uns mal zum Gleichgewicht zurückkommen. Das ist dir vermutlich weniger im Zusammenhang mit Warteschlangen als vielmehr im Zusammenhang mit Angebot und Nachfrage bekannt. Ein gewisser Thomas Carlyle erkannte schon vor langer Zeit, dass die beiden Marktseiten und das aus ihrem Verhalten resultierende Gleichgewicht eine enorme Bedeutung im ökonomischen Denken haben. Er schlug nämlich eine recht einfache Methode vor, die Anzahl von Ökonomen zu erhöhen: Bring einem Papagei bei, *Angebot und Nachfrage* zu sagen, und schon hast du einen weiteren Ökonomen!"

„Leider ist es offenbar nicht ganz so einfach, aus jemandem einen Ökonomen zu machen! Das wird dir sicher nach unseren Treffen bis jetzt nicht entgangen sein!", gibt Meinhard zu Bedenken.

„Ich will mich nicht beklagen, das geht bei dir schon recht zügig voran", lobt ihn Johanna. „Lass uns mal wieder etwas zeichnen. Die berühmteste Grafik in der Ökonomik, wie sieht die aus?"

Meinhard lässt sich nicht zweimal bitten.

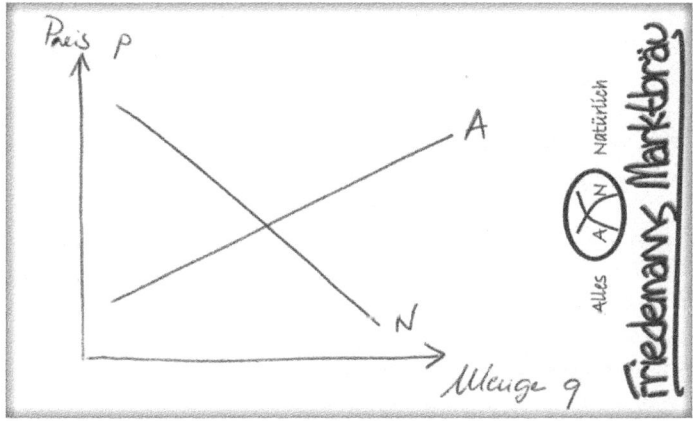

„Hier haben wir sie also vereint in einem Diagramm, die beiden Kurven, über die wir schon nachgedacht haben. Erinnere dich immer daran, dass hinter der Nachfragekurve die Wertschätzung der Konsumenten, ausgedrückt in deren Zahlungsbereitschaft, steckt. Und hinter der Angebotskurve stecken die Kosten, insbesondere die Grenzkosten, der Hersteller. Stell dir einfach vor, dass wir hier den Bier-Markt betrachten. Auf der einen Seite repräsentiert die Nachfragekurve die Wünsche von dir und mir und vielen anderen Bier-Konsumenten. Auf der anderen Seite haben wir die gebündelte Information über die Herstellungskosten von Friedemann und seinen Konkurrenten bei der Bierproduktion in der Angebotskurve. Die beiden Kurven geben an, welche Mengen die zwei Marktseiten bei gegebenen Preisen anbieten beziehungsweise nachfragen wollen. Die beiden Kurven geben damit also geplante Mengen an, so viel *möch-ten* Anbieter gerne anbieten und Nachfrager gerne nachfragen. Nun ist dir aus eigener Erfahrung sicher geläufig, dass ein Wunsch eine Sache ist, seine Verwirklichung jedoch eine andere."

„Allerdings!", gibt Meinhard zu.

„Nun, auf einem Markt gibt es eine Menge Preise, bei denen einer der beiden Wünsche jedenfalls nicht Realität wird. Aber es gibt einen Preis, bei dem die Wünsche von Produzenten und Konsumenten gut zusammenpassen. Dieser Preis ist der Gleichgewichtspreis. Er ist gerade so hoch, dass die Produzenten exakt die Menge herstellen wollen, die die Konsumenten auch kaufen wollen. Es gibt beim Gleichgewichtspreis keine Marktpartei, die enttäuscht von dannen ziehen muss, weil sie ihren Plan nicht realisieren konnte. Das ist die Besonderheit beim Schnittpunkt von Angebotskurve und Nachfragekurve. Dieser Schnittpunkt markiert Wunschkompatibilität von Anbietern und Nachfragern."

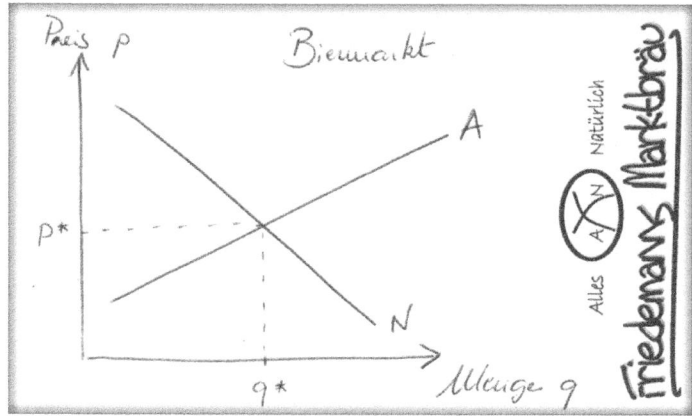

„Und wie steht es mit dem Beharrungsvermögen?"

„Solange sich an den äußeren Rahmenbedingungen wie etwa den Präferenzen der Nachfrager oder der Herstellungstechnik der Produzenten nichts ändert, haben wir auch keinen Anlass, uns über das Gleichgewicht Gedanken zu machen. Es wird schön da verharren, wo es ist. Wenn sich allerdings etwas ändert, dann sorgen Marktkräfte dafür, dass die Pläne von Anbietern und Nachfragern wieder übereinstimmen. Nimm zum Beispiel einmal an, dass sich die Nachfragekurve verschiebt. Ein Grund könnten stärkere Präferenzen der Konsumenten sein. Nehmen wir doch ein Beispiel, das du schon kennst: Vielleicht veröffentlicht die BLÖD-Zeitung eine Schlagzeile über die gesundheitsfördernde Wirkung des Bierkonsums. ‚Biertrinker leben gesünder‘ oder so etwas. [2] Was tut sich in unserer Markt-Grafik?"

„Na ja, wie bereits gehabt: Wenn sich die Präferenzen der Konsumenten verstärken, dann steigen die MZBen an und die Nachfragekurve verschiebt sich nach oben. Vielleicht sieht die neue Nachfragekurve so aus ..."

Meinhard zeichnet die neue Nachfragekurve im Nordosten der alten ein.

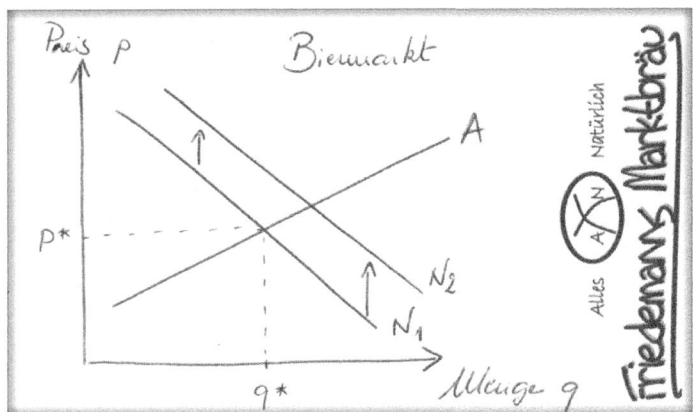

Dann grübelt er ein wenig.

„Wir haben einen neuen Schnittpunkt der beiden Kurven, mit einem neuen Gleichgewichtspreis. Wie kommen wir dorthin?"

„Nun ja, schau dir die Grafik einmal an: Beim alten Gleichgewichtspreis gibt es Pläne der Produzenten und der Konsumenten..."

„...die aber nicht mehr zusammenpassen!", wendet Meinhard ein.

„Genau! Die Produzenten wollen noch die alte Gleichgewichtsmenge q* anbieten, die Konsumenten mit ihren stärkeren Präferenzen möchten aber zum alten Gleichge-

---

2 Vgl. 4. Abend!

wichtspreis p* jetzt eine deutlich größere Menge konsumieren, nämlich q^N, mal das doch mit in die Grafik!"

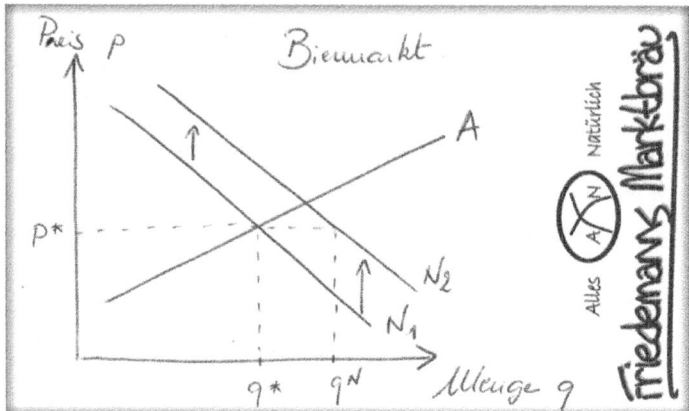

„Die Nachfragemenge ist größer als die Angebotsmenge, die Produzenten merken das und erhöhen den Preis. Das tun sie so lange, bis keine sogenannte *Angebotslücke*, das ist der Unterschied zwischen q^N und q*, mehr besteht, bis wir also beim neuen Gleichgewichtspreis p** angekommen sind. Dort haben wir dann wieder Übereinstimmung der Pläne von Konsumenten und Produzenten, denn beide Marktparteien planen jetzt mit der Menge q**. Und damit haben wir wieder ein gewisses Beharrungsvermögen der neuen Situation."

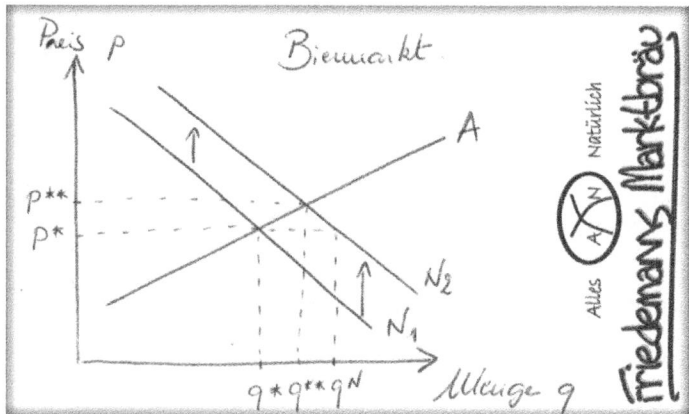

„Umgekehrt würde bei einem Ausgangspreis, der zu hoch ist, also eine *Nachfragelücke* entstehen: Die geplante nachgefragte Menge wäre kleiner als die geplante Produktionsmenge der Anbieter. Die würden merken, dass sie auf ihren Produkten sitzen bleiben und würden den Preis senken, bis wieder Übereinstimmung der Pläne herrscht", merkt Meinhard an.

„In beiden Fällen hätten wir bei Abweichungen vom Gleichgewichtspreis also einen Mechanismus am Werk, der dafür sorgt, dass sich der Preis in Richtung Gleichgewichtspreis bewegt. Der Preis ist das Signal am Markt, an dem sich alle Entscheider orientieren und letztlich ihre Entscheidungen miteinander in Einklang bringen. Bei unserem Beispiel signalisieren steigende Preise den Produzenten, dass es wegen der gestiegenen Präferenzen der Konsumenten lohnenswert ist, wenn mehr hergestellt wird. Den Konsumenten signalisieren die höheren Preise größere Knappheit. Schließlich sind wir im neuen Marktgleichgewicht angekommen: Es wird mehr Bier hergestellt und konsumiert und der Preis für das Bier ist gestiegen, weil eine größere Menge nur zu höheren Grenzkosten hergestellt werden kann. Und hoffentlich hat das Ganze auch wirklich fördernde Wirkungen auf die Gesundheit!"

Meinhard schaut sich die Grafik noch einmal an und denkt eine Weile darüber nach. Schließlich meint er:

„Leuchtet ein! Jedenfalls ist mir jetzt klar, weshalb du so großen Wert auf die Unterscheidung zwischen einer ‚*Veränderung der Nachfrage*' als Folge der Veränderung einer der anderen Bestimmungsgrößen der Nachfrage und ‚*Veränderung der nachgefragten Menge*' als Folge einer Preisänderung gelegt hast. Wenn wir das nicht auseinander halten, dann kommen wir bei Erklärungen für Vorgänge auf Märkten ganz schnell in Teufels Brauhaus! Dann würde man in unserem Beispielfall von eben vielleicht sagen: ‚Die Nachfrage steigt, woraufhin das Angebot steigt, weswegen die Nachfrage wieder fällt...' Das wäre ziemlich kunterbunt und sinnlos und man würde auch nicht mehr Ursache und Wirkung auseinander halten können. So können wir aber jetzt sagen: ‚Die Nachfrage steigt und beim alten Preis steigt damit auch die nachgefragte Menge. Das Angebot ändert sich nicht, weil sich an den Angebotsbedingungen nichts geändert hat. Und daher muss der Preis steigen, damit die angebotene Menge größer wird und gleichzeitig die nachgefragte Menge zurückgeht, was für ein neues Gleichgewicht auf dem Markt notwendig ist.' Das ist sehr viel präziser!"

Johanna freut sich über den lauten Klang eines gefallenen Groschens.

„Und nun ein kleiner Trick, wie du Veränderungen auf einem Markt in der Folge eines Ereignisses, das das Gleichgewicht stört, recht sicher mit unserem Modell ‚Angebot und Nachfrage' untersuchen kannst! Du gehst in folgenden Schritten vor:

Erster Schritt: Identifiziere den Markt eindeutig. Frage dich, welchen Markt du genau betrachtest. Es gibt einen Markt für Bier, aber es gibt zum Beispiel einen kleineren Markt für Weizenbier und einen noch kleineren für Hefeweizen und einen noch kleineren für dunkles Hefeweizen. Grenze den Markt für deine Zwecke also richtig ab.

Zweiter Schritt: Du musst du dich fragen, ob das Ereignis Angebot oder Nachfrage oder vielleicht sogar beide Marktseiten betrifft.

Beim nächsten, nämlich dem *dritten Schritt* musst du dich fragen, wohin sich die betroffene Kurve verschiebt. Oder wenn beide Kurven betroffen sind: wohin sich die beiden Kurven verschieben.

Nun kommt der *vierte Schritt*: Ermittle den neuen Gleichgewichtspunkt mit den dazu gehörenden neuen Gleichgewichtswerten für den Preis und die Menge. Vergleiche diese Werte mit den ursprünglichen Werten!

Nehmen wir ein weiteres Beispiel, zum Üben: Wein wird wegen der Entwicklungen auf dem Weltmarkt erheblich billiger. Man bekommt nun deutlich bessere Qualität zu einem kleineren Preis. Was tut sich auf dem Markt für Bier?", möchte Johanna von Meinhard wissen.

Meinhard grübelt.

„Die Marktabgrenzung hast du mit der Fragestellung ja gleich vorgenommen: Wir betrachten den Biermarkt. Das war Schritt eins."

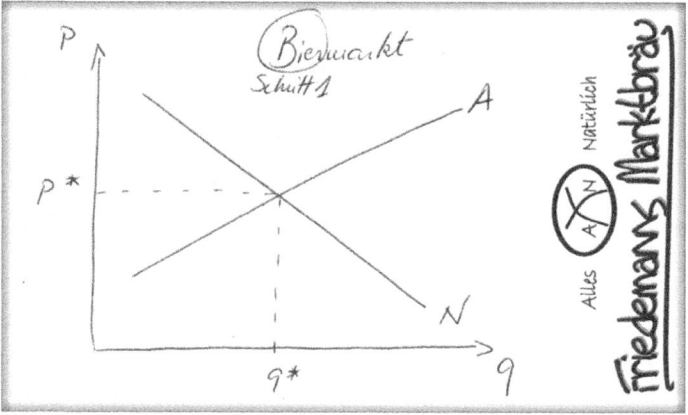

„Soweit OK!", ermuntert ihn Johanna.

„Jetzt wird's schwieriger. Aber lass mal sehen: Der Wein stellt ein Substitut für Bier dar. Denn immerhin handelt es sich in beiden Fällen um alkoholische Getränke, die man bei einer Pizza gerne zu sich nimmt. Wenn der Preis von Wein sich ändert, werden Konsumenten, die beides gerne trinken, ihre Nachfrage zwischen den Substituten anpassen. Schritt zwei ist also: Die Nachfrage nach Bier ist betroffen", analysiert Meinhard.

„In einem liegst du falsch – es gehört zu einer Pizza eher ein Bier und weniger ein Wein! Jedenfalls ist das im Herkunftsland der Pizza, also in Italien so. Dem Rest deiner Überlegungen pflichte ich aber bei – schließlich sind nicht nur Pizza-Konsumenten

betroffen! Das Ereignis betrifft in diesem Fall in der Tat die Nachfrage. Weiter so!",
freut sich Johanna.

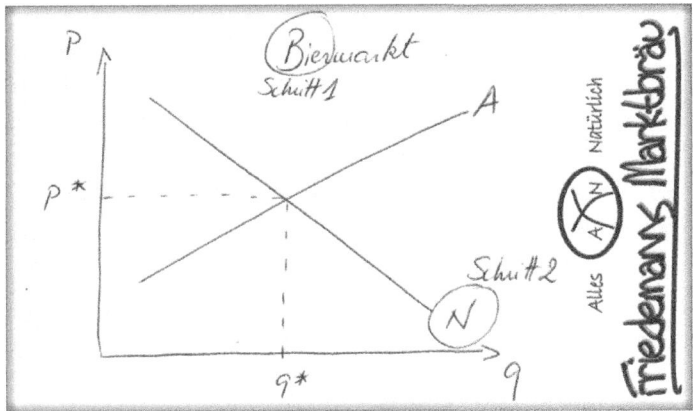

„Da Wein billiger wird, verlagert sich die Nachfrage der Konsumenten auf den Wein-
markt, die Nachfrage nach Bier geht also zurück. In unserem Beispiel verschiebt sich
daher – Schritte drei – die Nachfragekurve nach Südwest", fährt Meinhard im vier-
Schritte-Prozess fort.

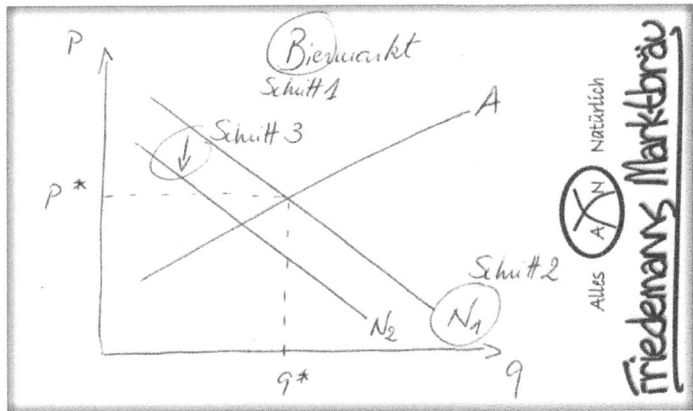

Da Johanna Zustimmung nickt, während sie gerade ein Schlückchen nimmt, macht
Meinhard gleich weiter.

„Schritt vier ist ja der wichtigste, denn hier schauen wir uns an, was mit Mengen und
Preisen passiert! Bei unserem Beispiel liegt der neue Gleichgewichtspunkt im Südwes-

ten des alten. Wir haben also einen Preis, der fällt und eine Verbrauchsmenge, die ebenfalls kleiner wird", beschließt Meinhard die Marktanalyse.

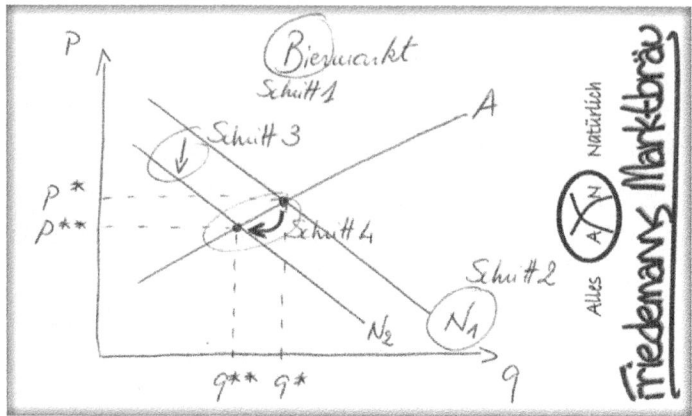

Johanna fasst zusammen:

„Makellos! Wir können bei einer solchen Entwicklung bei den Weinpreisen also erwarten, dass ein Druck auf den Bierpreis nach unten entsteht und dass der Bierverbrauch zurückgeht. Und genau so hältst du es mit anderen Ereignissen auf anderen Märkten! Irgendwann brauchst du das Schema mit den Schritten eins bis vier nicht mehr, weil du es verinnerlicht hast. Aber am Anfang es sicher eine gute Idee, es anzuwenden, wenn du wissen willst, wohin sich ein Markt entwickelt. Zur Übung kannst du dir vielleicht nochmal überlegen, was passiert, wenn die Gentechnik es gestattet, einen wesentlich robusteren und ertragsreicheren Hopfen anzubauen und zu ernten."

Meinhard überlegt nicht lange und setzt zu einem intellektuellen Endspurt für den Abend an:

„*Schritt eins*: Ich betrachte wieder den Biermarkt. Eine weitere Abgrenzung, etwa den Markt für weiche Alkoholika, ergibt hier ebenso wenig Sinn wie eine engere Abgrenzung des Marktes zu etwa dem Markt für Pils. Hopfen wird schließlich für alle Biersorten verwendet.

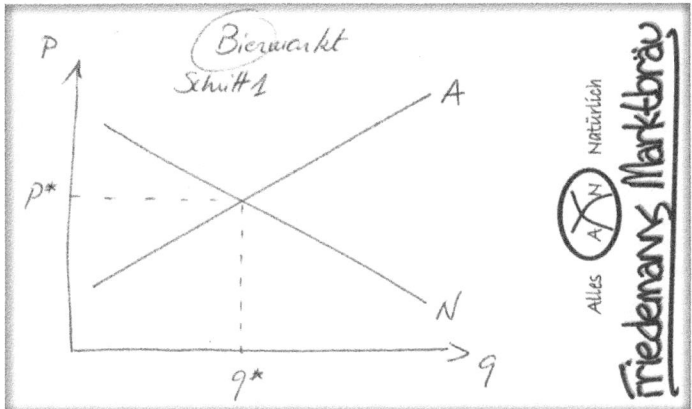

Schritt zwei: Hier ist zunächst die Angebotsseite betroffen, da wir technischen Fortschritt bei einem Input der Bierherstellung haben, der dazu führen dürfte, dass der Preis für diesen Input fällt. Wenn sich Input-Preise ändern, verschiebt sich die Angebotskurve. Jetzt spekuliere ich aber mal ein bisschen und behaupte, dass auch die Präferenzen der Bierkonsumenten betroffen sein könnten, wenn diese erfahren, dass gentechnisch veränderte Rohstoffe verwendet werden. Eine Menge Leute glauben, dass gentechnische Veränderungen ein gesundheitliches Risiko darstellen. Ob sie dafür einen fundierten Anlass haben oder nicht, ist nicht einmal wichtig für unsere Überlegung hier. Daher könnte auch die Nachfrage betroffen sein.

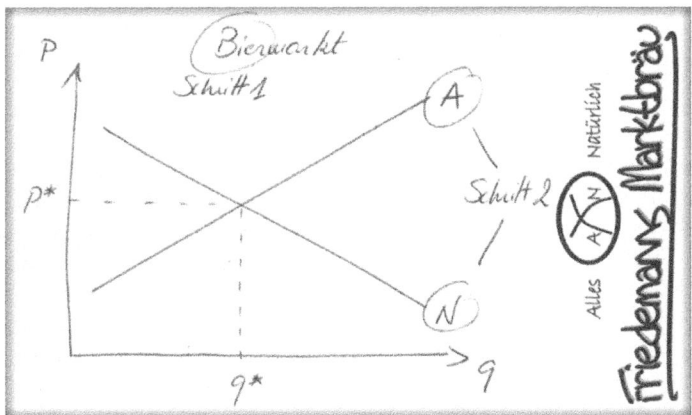

Schritt drei: Die Angebotskurve verschiebt sich nach unten oder nach rechts. Die Nachfragekurve gleichzeitig nach unten oder nach links, weil die Zahlungsbereitschaft bei den Verbrauchern abnimmt.

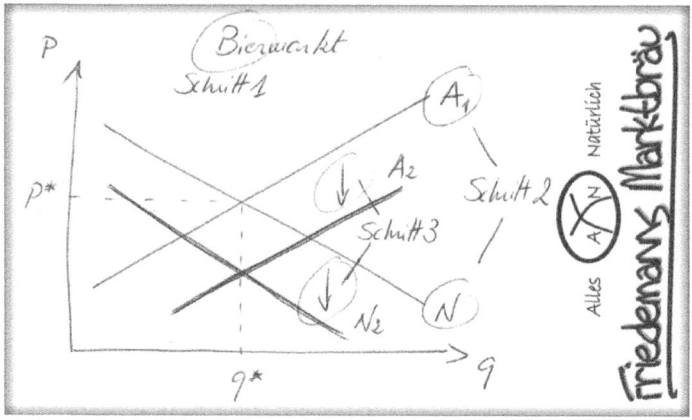

„*Schritt vier*: OK, der Preis wird fallen, und zwar als Resultat von sowohl der Entwicklung auf der Angebotsseite als auch der Entwicklung auf der Nachfrageseite. Dass ein Druck auf den Preis nach unten entsteht, ist also klar. Für die Entwicklung der Gleichgewichtsmenge ist aber keine eindeutige Prognose möglich: Bei der Verbrauchsmenge führt die Entwicklung auf der Angebotsseite für sich genommen zu einem Anstieg und die Entwicklung auf der Nachfrageseite für sich genommen zu einem Fall der Absatzmenge. Die beiden Einflüsse können sich, so wie es in meiner Zeichnung der Fall ist, gegenseitig eliminieren – und es ändert sich gar nichts bei der Verbrauchsmenge. Aber auch ein Anstieg oder ein Schrumpfen der Menge wäre möglich, je nachdem, welche Marktseite stärker zum Tragen kommt. Ist die Wirkung auf das Angebot größer, dann wird mehr Bier getrunken, ist die Wirkung auf die Nachfrage größer, dann wird die Absatzmenge fallen. Am Ende haben wir ihn jedenfalls wieder, den neuen Zustand mit Beharrungsvermögen!"

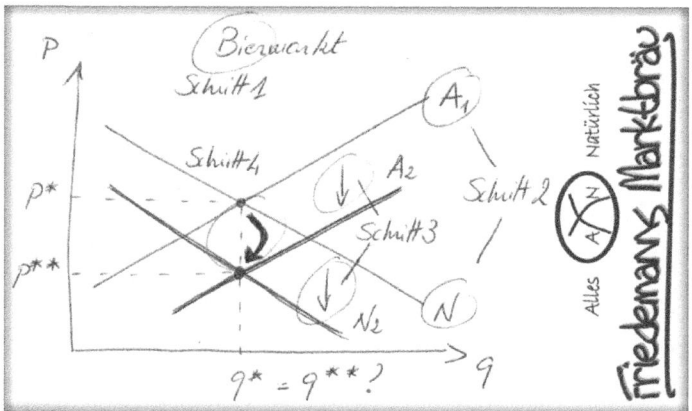

„Ich leiste sitzende Ovationen – oder sollte ich vielleicht lieber sagen ‚sitzend Ovationen'? Schließlich kann eine Ovation selbst ja weder stehen noch sitzen, sondern nur die sie Spendende. Na ja, egal, jedenfalls muss ich sagen: Viel üben musst du für die Marktanalyse nicht mehr, glaube ich!", lobt Johanna.

Der 10. Abend: Hingeschiedene Produzenten

Ein Irrtum wird korrigiert

Meinhard schaut versonnen auf die Schaumkrone, die Friedemanns Produkt im Glas vor ihm trägt.

„Der Staat mischt sich in unser Tauschgeschäft mit Friedemann ein! Hast du schon mal was von einer Biersteuer gehört?", erkundigt er sich bei Johanna.

„Das ist eine sogenannte Verbrauchsteuer, die auf den Konsum bestimmter Produkte erhoben wird. In Deutschland haben wir eine ganze Reihe davon: neben der Biersteuer gibt es eine Steuer auf Tabakprodukte, auf Kaffee, auf Sekt, auf Branntwein... Du kannst in einer Kneipe fast nichts konsumieren, ohne dass du das Staatsbudget aufstockst."

Das beschäftigt Meinhard.

„Ich habe das erst kürzlich mitgekriegt, irgendwo stand ein Artikel darüber. Ich glaube, dass pro Liter so ungefähr zehn Cent Steuer anfallen. Allerdings war die Berechnung sehr kompliziert, wenn ich mich recht erinnere. Pro Liter zahle ich also zehn Cent in öffentliche Kassen ein!"

Hier greift Johanna ein:

„Mag ja sein, dass es schwer zu verstehen ist, wie die Biersteuer berechnet wird. Aber es ist nicht schwer zu verstehen, dass deine Schlussfolgerung nicht stimmt, dass du als Konsument die Steuer trägst. Zahlen tust du sie auf jeden Fall schon mal nicht, denn das macht Friedemann als Hersteller."

„Na ja, das stimmt schon", räumt Meinhard ein. „Aber Friedemann legt die Biersteuer doch natürlich voll auf den Preis um!"

Johanna korrigiert ihn.

„Die Meinung, dass die Hersteller eine Steuer in voller Höhe einfach nur an die Konsumenten weiter reichen, ist ebenso weit verbreitet wie falsch. Auch der Begriff der *indirekten Steuer* stellt auf diesen Irrtum ab, weil damit unterstellt wird, die Hersteller könnten die Verbraucher über Preiserhöhung *indirekt* die Steuer zahlen lassen. Du wirst aber gleich sehen: Friedemann trägt auch einen Teil der Last und kann sie nicht vollständig an seine Kunden weiter schieben. Das könnte er nur, wenn Bier lebensnotwendig wäre und bei aller Liebe zum Gerstensaft: so weit wollen wir dann aber doch nicht gehen, nicht wahr?"

„Will ich wirklich nicht. Es geht auch mal einen Tag ohne!"

„Dann schauen wir uns einfach mal den Biermarkt an und versuchen herauszufinden, was geschieht, wenn wir eine Biersteuer einführen, die die Hersteller bezahlen müssen!"

Johanna greift zum Block und beginnt, ein mittlerweile vertrautes Bild zu zeichnen.

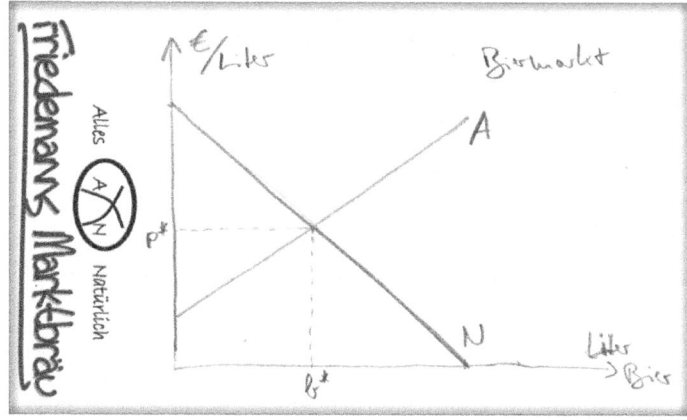

„Hier haben wir den Markt für Bier – *vor* der Einführung der Steuer", erklärt sie.

„Die Produzenten haben steigende Grenzkosten, deswegen steigt die Angebotskurve an. Auf der Nachfrageseite gibt es hohe und niedrige Maximale Zahlungsbereitschaften für den Liter Bier, je nach Präferenz für das Getränk und bereits konsumierter Menge. Der Gleichgewichtspreis liegt bei p* und die Gleichgewichtsmenge bei b* Litern. So weit kennen wir das ja. Jetzt führt der Staat eine Steuer für das Bier ein, die die Brauereien bezahlen müssen. Überleg mal: Was ändert sich hier für wen?"

„Wenn ich mich an Friedemanns Stelle versetze, dann stellt sich das für mich so dar: Die Steuer kommt zu meinen Herstellungskosten hinzu. Pro Liter erhöhen sich meine Herstellungskosten um die zehn Cent. In der Grafik müsste das dazu führen, dass sich die Angebotskurve nach oben verschiebt – um zehn Cent."

„Vollkommen korrekt! Um das Argument angemessen deutlich werden zu lassen, werde ich bei der Verschiebung der Kurve ein wenig großzügig sein, wenn du gestattest!"

Johanna zeichnet eine neue Angebotskurve A_{St}, die die Steuer beinhaltet, oberhalb der alten ein.

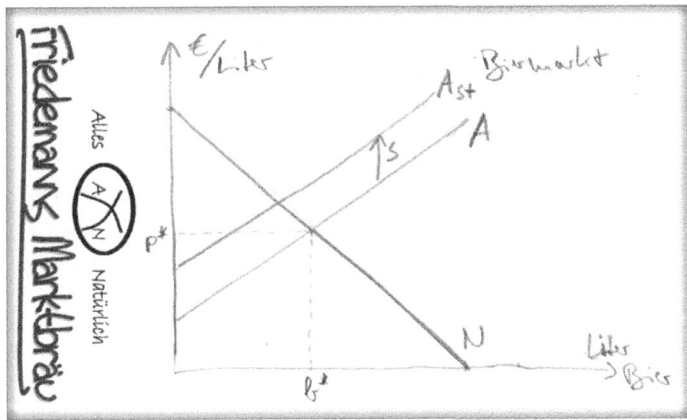

„Aufgemerkt nun also! Nachdem die Steuer eingeführt worden ist, bieten die Produzenten unter anderen Bedingungen an. Für sie stellt der Steuersatz pro Liter eine Erhöhung der Kosten pro Liter um genau den Betrag des Steuersatzes, nennen wir ihn s, dar – jedenfalls wenn sie gesetzestreu bleiben wollen und keine Steuern hinterziehen. Ihre Mindestforderung an die Konsumenten steigt daher um diesen Betrag und in der Grafik verschiebt sich die Angebotskurve um den Betrag des Steuersatzes, also um s, nach oben. In der neuen Position haben wir daher mit A_{St} die für den Markt jetzt relevante Angebotskurve – und ein neues Gleichgewicht. In dem neuen Gleichgewicht werden nur noch b_{St} Liter Bier umgesetzt und die Nachfrager zahlen den neuen Gleichgewichtspreis P^N an die Hersteller. Das ist aber nicht der Preis, den die Hersteller tatsächlich erhalten, denn sie müssen ja noch die Steuer zahlen. Wenn sie dies tun, dann bleibt ihnen pro Liter nur der Preis P^A übrig."

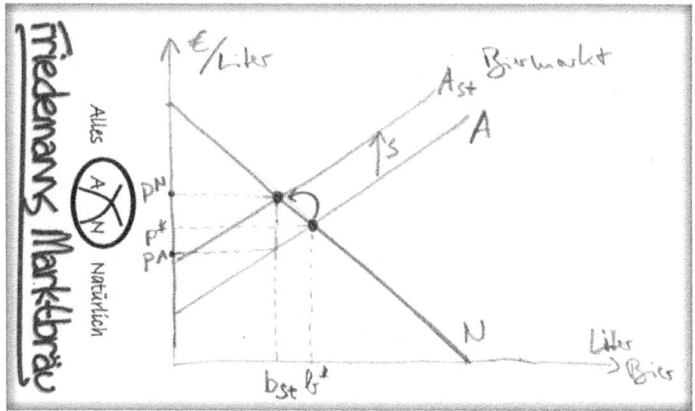

„Es gelten bei einer Verbrauchsteuer nun verschiedene Preise für Konsumenten und Produzenten?", fragt ein verdutzter Meinhard.

„Faktisch ja. Zwar beträgt der Marktpreis, den die Produzenten von den Nachfragern erhalten P^N, aber da die Produzenten ja die Steuer für die verkauften Liter abführen müssen, müssen sie für ihre Kalkulation eine Korrektur vornehmen und erkennen, dass ihr Nettopreis nur P^A beträgt. Wir haben bei einer Steuer auf ein Produkt daher zwei Preise, die sich genau um den Steuersatz unterscheiden: Einen höheren, den die Konsumenten zahlen, und einen niedrigeren, den die Produzenten erhalten. Wenn du den Steuersatz zu dem niedrigeren Produzentenpreis addierst, dann erhältst du den Konsumentenpreis."

„Und in deren Mitte liegt der alte Gleichgewichtspreis!", konstatiert Meinhard mit einem Blick auf Johannas Zeichnung.

„Die Mittelposition ist auf die spezielle Konstellation von Angebotskurve und Nach-fragekurve in unserer Grafik zurückzuführen. Aber der Gleichgewichtspreis vor der Steuer liegt natürlich immer in dem Korridor, den die beiden Nach-Steuer-Preise auf-spannen. In unserem Fall kannst du aber sehen, dass es *erstens* nicht so ist, dass die Hersteller, nur weil sie die Steuer zahlen müssen, auch die ganze Last der Steuer tra-gen. Und *zweitens* ist es aber auch nicht so, dass sie die ganze Steuerlast auf die Kon-sumenten verschieben können. Vielmehr teilen sich in unserem Fall hier die Produzen-ten und die Konsumenten die Steuerlast: Die Konsumenten zahlen einen höheren Preis als den alten Gleichgewichtspreis und die Produzenten erhalten einen niedrige-ren Preis als den alten Gleichgewichtspreis. Den Abstand zum alten Gleichgewichts-preis kannst du als Maß dafür nehmen, wie sehr die Steuer auf einer der beiden Marktparteien lastet. In unserem Fall in der Grafik ist die Steuerlast fast gleich aufge-teilt, das muss aber nicht so sein. Guck, ich zeichne dir das am besten auf ein eigenes Blatt, das ist dann übersichtlicher:"

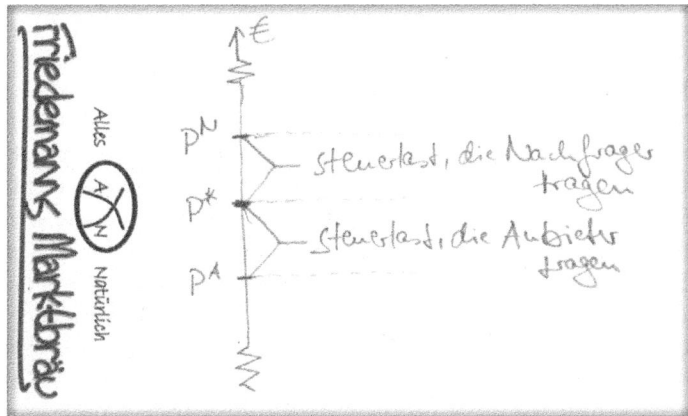

„Wie du siehst, müssen die Anbieter, nämlich die Brauereien, in unserem Beispiel die Steuer zahlen. Sie haben die *Zahllast*. Aber die eigentliche Last, nämlich die *Traglast* der Steuer, wird durch den Markt bestimmt und *ist unabhängig von der Zahllast!*", fasst Johanna das Wichtigste zusammen.

„Das sind jetzt also die Dinge, die ich auf der Preisachse des Diagramms ablesen kann", schaltet sich Meinhard ein. „Auf der horizontalen Mengenachse dagegen kann ich sehen, dass nach der Einführung der Steuer die Absatzmenge auf dem Markt zurückgeht, es werden weniger Liter Bier verkauft und konsumiert als vorher. Die Steuer lässt den Markt ein wenig schrumpfen."

„Gut beobachtet! Das hängt damit zusammen, dass die Steuer sich wie ein Keil zwischen Zahlungsbereitschaft und Mindestforderung der Produzenten schiebt. Wenn die Zahlungsbereitschaft und die Mindestforderung nicht weit genug auseinander liegen, dann macht die Steuer den Tausch unrentabel für die beiden Parteien. Nimm einfach mal an, du bist bereit, fünf Euro für eine Maß Bier zu zahlen, die Kosten des Brauers für die Bereitstellung betragen 4,90 Euro und die Biersteuer 20 Cent pro Liter Bier. Obwohl ihr – ohne Steuer – euch auf einen für beide Seiten akzeptablen Preis von, sagen wir: 4,95 Euro für die Maß Bier einigen könntet, könnt ihr das nach der Einführung der Steuer nicht mehr, denn der Steuersatz ist größer als der Spielraum für den Preis. Sobald wir uns also im Marktdiagramm dem Bereich nähern, wo eine geringere Zahlungsbereitschaft und erhöhte Grenzkosten sich gegenüberstehen, können durch eine Steuer einige Tausch-Transaktionen verhindert werden. In unserem Beispiel sind dies alle Liter Bier zwischen b_{st} und b^* – der Biermarkt schrumpft auf b_{st} Liter zusammen."

„Du hast vorhin angedeutet, dass das, was nach der Einführung einer Steuer auf dem Biermarkt passiert, von den speziellen Bedingungen auf der Angebotseite und auf der Nachfrageseite abhängt. Jetzt bin ich gespannt, was das für Bedingungen sein können und was das Ergebnis für die Verteilung der Last einer Steuer ist!"

„Dazu müssen wir uns zwei extreme Marktsituationen anschauen. Im ersten Extremfall haben die Nachfrager keine große Wahl, ob sie das Produkt kaufen sollen oder nicht, weil sie es schlicht und einfach brauchen. Bei Bier dürfte es von dieser Art Nachfragern auch eine Menge geben, aber der gesamte Markt ist sicher nicht von ihnen geprägt. Wir könnten das, zur Verdeutlichung des Arguments, aber einmal annehmen. Wenn wir annehmen, dass die Bierkonsumenten auf ihr Produkt nicht verzichten können, dann ist das gleichbedeutend mit der Aussage, dass sie alle eine sehr, sehr hohe Zahlungsbereitschaft dafür haben. Der Preis spielt dann für die nachgefragte Menge so gut wie keine Rolle, jedenfalls in dem Bereich, den wir im Diagramm betrachten. Bei einem sehr niedrigen Preis wird die gleiche Menge des lebensnotwendigen Produkts nachgefragt wie bei einem sehr hohen Preis. Im Marktdiagramm kannst du eine solche Nachfrage durch eine Senkrechte auf diese Menge ausdrücken, etwa so...“

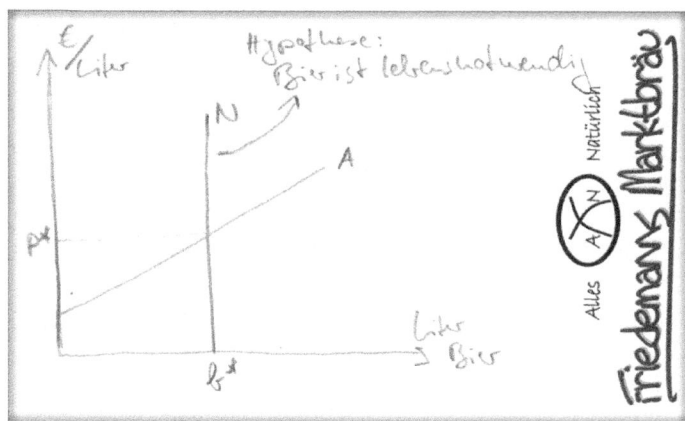

„Man spricht dann von einer *vollkommen unelastischen Nachfrage*, weil die nachgefragte Menge überhaupt nicht auf Preisänderungen reagiert. Wenn ich dazu eine Angebotskurve einzeichne, die steigende Grenzkosten reflektiert, dann komme ich bei der Einführung einer Biersteuer auf ein ganz anderes Ergebnis...“

erklärt Johanna und ergänzt ihre Zeichnung so:

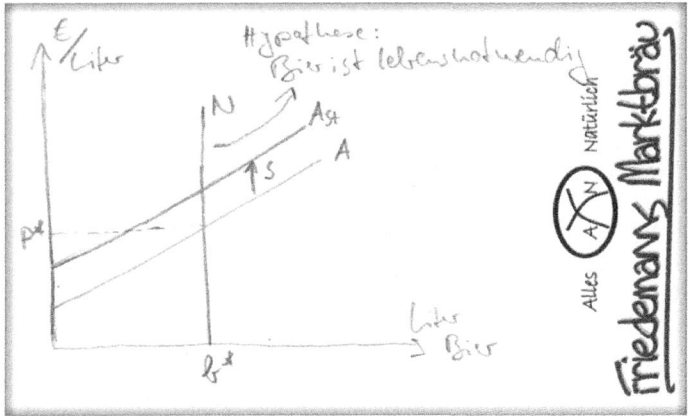

„Guck: Wieder verschiebt sich die Angebotskurve um den Steuersatz pro Liter nach oben. Wieder haben wir ein neues Marktgleichgewicht – aber für die Anbieter hat sich nichts verändert! Sie erhalten nach wie vor den gleichen Preis und setzen nach wie vor die gleiche Menge ab. Die Nachfrager allerdings zahlen jetzt einen Preis, der um den Biersteuer-Satz s über dem alten Gleichgewichtspreis liegt – das heißt sie tragen die volle Last der Steuer. Es ist den Produzenten hier gelungen, die Steuer vollständig auf die Bierkonsumenten abzuwälzen! Und es hat auch keine Schrumpfung bei den auf dem Markt abgesetzten Mengen gegeben."

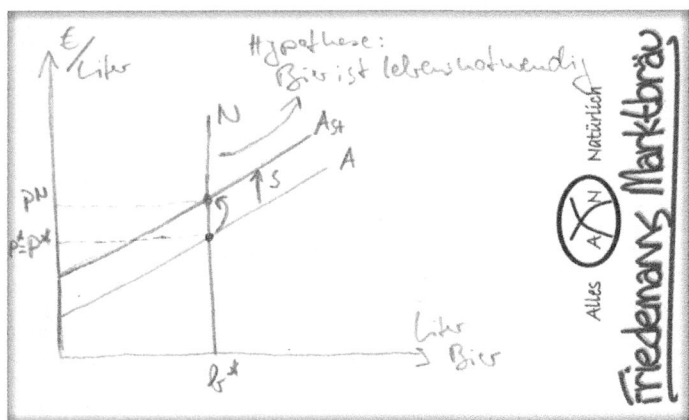

„Das wird auch klar, wenn man die Überlegung mit dem Steuerkeil für diesen Fall nachvollzieht: Wenn bei der letzten am Markt abgesetzten Einheit, also in unserem Fall selbst beim Liter b*, die Zahlungsbereitschaft sehr weit über den Grenzkosten liegt, dann kann eine Steuer diese letzte Transaktion nicht unrentabel machen und sie findet trotz Steuer statt!"

„Das ist auch deswegen ein überraschendes Ergebnis, weil doch die Bierbrauer die Steuer zahlen müssen. Hier zahlen die Produzenten also die Steuer, und die Konsumenten als die andere Marktpartei tragen sie komplett!", wundert sich Meinhard.

„Daran kannst du auch sehen, dass es für die Last, die eine Marktpartei bei einer Steuer trägt, völlig unerheblich ist, ob sie selbst diese Steuer zahlt. Die Verteilung der Traglast ist nur abhängig von den Bedingungen auf der Angebotsseite und der Nachfrageseite, nicht aber von der Zahllast, also davon, welche Marktpartei die Steuer an den Staat abführt. Das wird dir unser nächstes Extrembeispiel noch mehr verdeutlichen. Hier begeben wir uns zur Abwechslung mal auf einen anderen Markt, nämlich den Markt für Oktoberfest-Krüge!"

„Na ja, immerhin ein recht verwandter Markt!", freut sich Meinhard.

„Wir wollen den Markt etwas eingrenzen und nur einen bestimmten Jahrgang betrachten. Nehmen wir also den Markt für die offiziellen Oktoberfest-Krüge des Jahres 2000. Hier haben wir auf der Angebotsseite eine Besonderheit: Es gibt bereits eine bestimmte Anzahl k* von Wiesn-Krügen und neue können nicht produziert werden. Das heißt: Die Grenzkosten der Herstellung für die ersten k* Krüge sind Null, denn es gibt sie bereits – und für den nächsten Krug k*+1 sind die Grenzkosten unendlich hoch, denn wir können nicht ins Jahr 2000 zurück und die Produktionsmenge um eins erhöhen. In der Marktgrafik stellt man eine solche Situation mit einer Angebotskurve dar, die bei der Menge k* senkrecht auf der Mengenachse steht, ungefähr so…

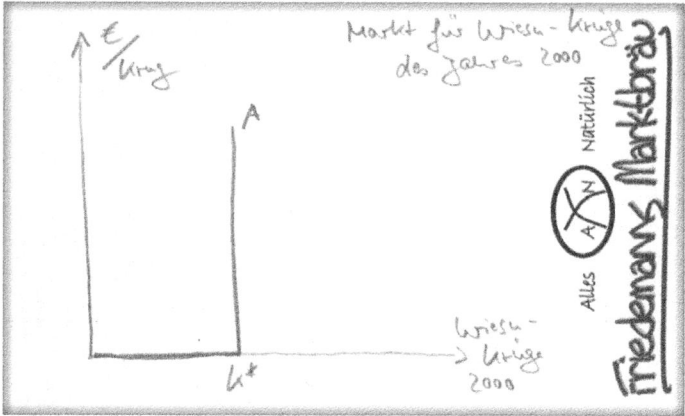

Wenn wir nun noch eine normale Nachfragekurve dazu nehmen, dann ergibt sich durch die beiden Marktkräfte ein Gleichgewichtspreis in Höhe von p* und eine Gleichgewichtsmenge in Höhe von k*. Etwa so:

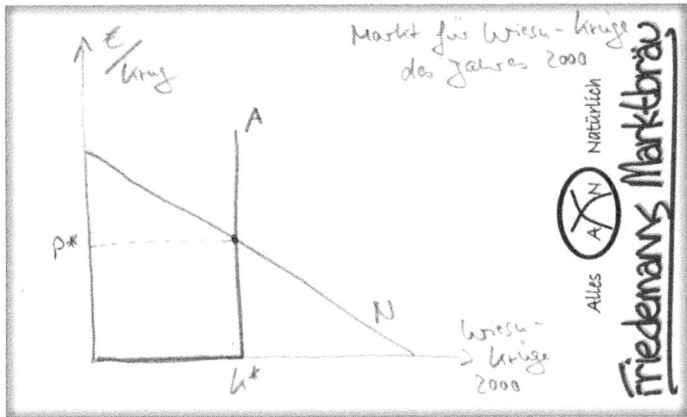

Jetzt wollen wir – ebenfalls zur Abwechslung – mal annehmen, dass die Steuer von den Bierkrug-Sammlern, also den Nachfragern, gezahlt werden muss, wenn sie einen Bierkrug kaufen. Was meinst du: welche Auswirkungen hat das auf unsere Markt-Grafik, wenn wir eine Bierkrug-Steuer einführen, die die Käufer zahlen müssen?"

Meinhard denkt laut nach:

„Jeder Bierkrug-Sammler hat eine Maximale Zahlungsbereitschaft für den offiziellen Wiesn-Krug des Jahres 2000. Das wird ja durch die Nachfragekurve abgebildet. Wenn die Käufer jetzt aber wissen, dass sie eine Steuer abführen müssen, wenn sie einen Krug kaufen, dann reduziert sich ihre Zahlungsbereitschaft, die für den Verkäufer übrig bleibt, um den Steuersatz pro Krug. Also verschiebt sich die Nachfragekurve um den Steuersatz nach unten."

„Bravo!", freut sich Johanna. „Tragen wir also diese neue Nachfragekurve ein und nennen sie N_{St}."

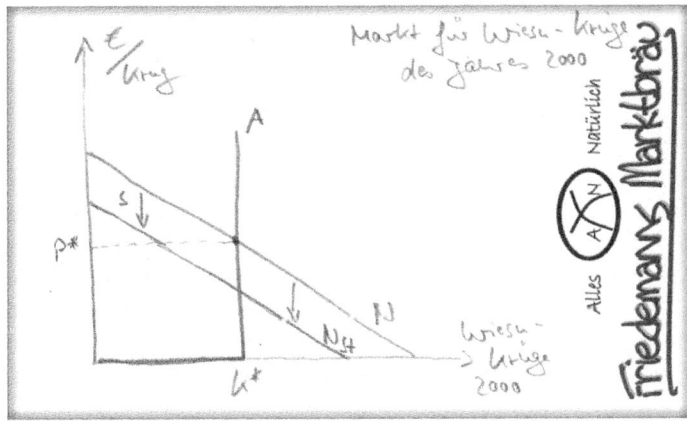

„Wenn du die Marktgrafik anschaust, wirst du jetzt vermutlich überrascht feststellen: In diesem Fall sorgt der Steuerkeil dafür, dass sich die Situation für die Nachfrager nicht ändert! Die Anzahl der Bierkrüge, die gehandelt werden, ändert sich nicht und auch der Preis, den die Käufer nun insgesamt, also inklusive Steuer zahlen, bleibt der gleiche. Die Verkäufer werden aber nur einen Preis erhalten, der um den Steuersatz unterhalb des ehemaligen Gleichgewichtspreises vor der Einführung der Bierkrug-Steuer liegt. Sie tragen mit anderen Worten die volle Last der Steuer, obwohl die Käufer doch die Steuer zahlen!" Johanna ergänzt die Grafik auf dem Blatt des Rechnungsblocks.

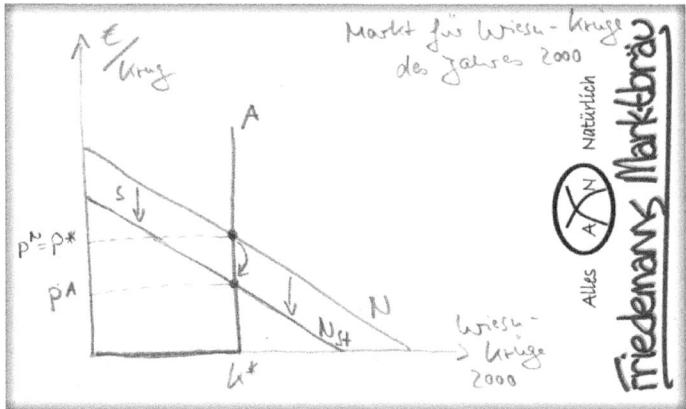

Meinhard versucht sich an einer zusammenfassenden Interpretation:

„Weil wir bei diesem Bierkrug-Markt ein Angebot, das überhaupt nicht auf Preisänderungen reagieren kann, also ein *vollkommen unelastisches* Angebot haben, ist die Verkäuferseite bei der Einführung einer Steuer im Nachteil. Sie bekommt die gesamte Last der Steuer aufgebürdet, weil sie nicht auf Preisänderungen mit Mengenänderungen reagieren kann. Jedenfalls nicht, solange Wurmlöcher nicht zu Zeitreisen genutzt werden können, um die Produktion im Jahr 2000 zu erhöhen!"

Johanna ergänzt ihn:

„Generell kannst du sagen, dass die Steuerlast stärker auf der Marktseite liegt, die auf Preisänderungen nicht so stark mit Mengenanpassung reagieren kann. Bei den Nachfragern ist das der Fall, wenn es sich um lebensnotwendige Güter handelt, für die es keine Ersatzprodukte gibt. Und bei den Anbietern ist das der Fall, wenn es kaum eine technische Möglichkeit gibt, eine bereits vorhandene Menge zu verändern. Das ist übrigens insbesondere dann der Fall, wenn der Hersteller des Gutes nicht mehr am Leben ist: Die Gesamtheit der Werke bereits verstorbener Künstler stellen bei Änderungen des Preises ein vollkommen unelastisches Angebot dar. Du kannst ja Van Gogh schlecht dazu bewegen, ein weiteres Bild zu malen, nur weil dafür ein sehr hoher Preis zu erzielen wäre!"

„Oder bestimmte historische Figuren dazu bringen, ein Tagebuch zu führen, weil damit eine Menge Knete gemacht werden könnte!", witzelt Meinhard.

Johanna lenkt seine Aufmerksamkeit zurück auf das Rechnungsblatt und den Markt für Wiesn-Krüge.

„Du kannst übrigens in der Grafik auch schön einzeichnen, wie hoch das Steueraufkommen des Staates ist. Dazu musst du nur überlegen, wie sich das Steueraufkommen berechnen lässt und wo die Dinge, aus denen du das Aufkommen berechnest, in der Grafik zu finden sind."

Meinhard greift sich das Blatt und legt es vor sich.

„Hm. Der Staat besteuert den Erwerb eines Bierkruges. Genau gesagt verlangt er pro erworbenem Bierkrug die Steuer s. Dann beträgt das insgesamt erzielte Steueraufkommen im Fall der Bierkrug-Steuer also s multipliziert mit der Anzahl der erworbenen Bierkrüge, also mit dem Absatz auf dem Markt, den wir k* genannt haben. Das Steueraufkommen wäre also s mal k*."

Johanna hat das Blatt genommen und vervollständigt zeichnerisch die Überlegung:

„Und das können wir hier leicht einzeichnen. s ist der Abstand zwischen dem ehemaligen Gleichgewichtspreis p* und dem Preis, den die Anbieter erhalten, den wir p^A genannt haben. k* Krüge werden gehandelt. Das ergibt grafisch das Rechteck das durch p*, p^A und die beiden Punkte I und II auf der Angebotskurve beschrieben wird. So:"

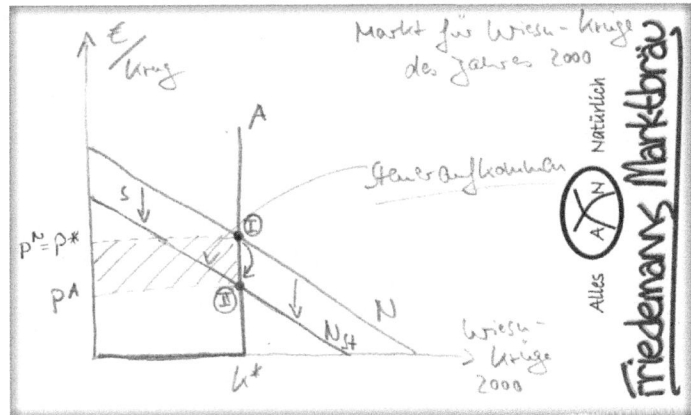

„Das wäre in unserem Beispiel ein ganz schön großer Teil vom gesamten Umsatz, der mit p* mal k* ja durch das Rechteck p*, I, k* und den Ursprung des Achsensystems dargestellt wird", stellt Meinhard fest.

„Dann müsste der Steuersatz aber schon ganz ordentlich hoch gewählt worden sein!", gibt Johanna zu bedenken. „Ich habe den Steuersatz in unserer Grafik wegen der leichteren Illustration so hoch angesetzt. Dass der Steuersatz über 30 Prozent des Preises beträgt, kommt bei Verbrauchsteuern allerdings durchaus vor. Bei der Biersteuer liegt er aber weit darunter!"

„Schöner Trost! Na ja, dann lass uns noch mal eine Runde den Staatshaushalt sanieren!"

Der 11. Abend: Ein Roller soll „getuned" werden

König Meinhard erlässt ein Dekret

Meinhard setzt seinen Helm demonstrativ erst ab, als er am Tisch angekommen ist. Offenbar möchte er gerne auf das Verkehrsmittel angesprochen werden, mit dem er diesmal zum *Maximahl* gelangte. Johanna hat ihn in der Tat noch nie mit Helm gesehen und vermutet eine Neuanschaffung mit zwei Rädern und einem Motor.

„Bist du unter die Rocker gegangen?", fragt sie ihn. „Oder übertreibst du ein wenig die Vorsichtsmaßnahmen für den Fall, dass dir beim Spazierengehen ein Blumentopf auf den Kopf fällt?"

„Alles schon vorgekommen! Aber du kennst doch meine Risikopräferenz. Deine erste Vermutung ist näher an der Wahrheit dran. Allerdings würde ich den Rocker gerne einmal sehen, der sich mit einer 50 Kubik Zweitaktmaschine zufrieden gibt! Ich habe mir nämlich einen Roller zugelegt und dessen Hubraum passt in die üblichen Zweizylinder-Motoren unserer Freunde mit den vielen Dezibel und der ungesunden Armhaltung beim Fahren 30-mal rein! Nein, nein. Bei mir gilt eher: Born to be mild!"

„Ich bin jedenfalls beeindruckt! Dann darfst du heute ja auch nur Marktbräu Light zu dir nehmen."

„Friedemanns Produkt für die Fahrer unter seinen Gästen. Hast du es schon mal probiert? Gar nicht so schlecht als Getränk, aber natürlich nicht wirklich ein Bier", urteilt Meinhard und ergänzt:

„Ich bin übrigens nicht ganz zufrieden mit meinem neuen Fahrzeug. Es hat so ein Problem mit der Höchstgeschwindigkeit – mir ist es einen Tick zu langsam. Wahrscheinlich werde ich es tunen lassen. Das geht ganz einfach: Die Dinger sind eigentlich ja für höhere Geschwindigkeiten gebaut, werden aber gedrosselt. Ich glaube, da muss nur so ein Ring vom Getriebe genommen werden. Das wird so um die 70 Euro kosten."

„Sagte man nicht früher einfach *frisieren* statt *tunen*? Und ist das nicht ein wenig illegal? Zumindest wenn du auf öffentlichen Straßen fahren willst? Jedenfalls hast du offenbar eine maximale Zahlungsbereitschaft von mehr als 70 Euro für diese Dienstleistung. Wollen wir den Markt für *Tunings*, wie du so schön gesagt hast, einmal als Beispiel für eine äußerst wichtige Lektion nehmen?"

„Dafür, dass ein Markt nicht verschwindet, nur weil er nicht legal ist?", vermutet Meinhard.

Johanna ist amüsiert:

„Das wäre zwar auch etwas, über das wir lange reden könnten. Aber mir geht es um etwas anderes: Was hat die Gesellschaft eigentlich davon, dass es einen bestimmten Markt gibt? Was ist der Wert eines bestimmten Marktes für die Gesellschaft? In Euro?"

„Na ja, haben wir diese Frage nicht schon beantwortet: Die Konsumenten haben ihren Spaß beziehungsweise Nutzen. Wir haben das mit der Konsumentenrente gemessen[1]", aktiviert Meinhard einige graue Zellen.

„Das ist aber nur ein Teil der Angelegenheit! Hältst du die Produzenten nicht für Gesellschaftsmitglieder? Was haben die denn davon?"

„Ich erinnere mich: Die Produzentenrente?"

„Richtig erinnert! Und die wird auf völlig analoge Weise ermittelt wie der Netto-Vorteil der Konsumenten bei der Bestimmung der Konsumentenrente. Der Netto-Vorteil für die Konsumenten war der Spaß in Euro, den der Konsum einer Einheit des Konsumgutes hervorruft, abzüglich des Preises. Der Netto-Vorteil für die Produzenten, also die Produzentenrente, errechnet sich wie folgt: Zunächst haben die Produzenten ja den Vorteil, dass sie den Preis für das Gut vom Konsumenten erhalten. Aber bei der Herstellung des Gutes entstehen ihnen Kosten. Wenn wir den Netto-Vorteil für die Produzenten bestimmen wollen, müssen wir also vom Preis die Kosten abziehen. Nehmen wir mal an, du hast eine maximale Zahlungsbereitschaft von 90 Euro für das Tuning deines Rollers. Du gehst zu einem Anbieter, dem Kosten von 50 Euro entstehen. Der Preis liegt, wie du geschätzt hast, bei 70 Euro. Wir zeichnen das mal auf!"

---

[1]   Vgl. 2. Abend!

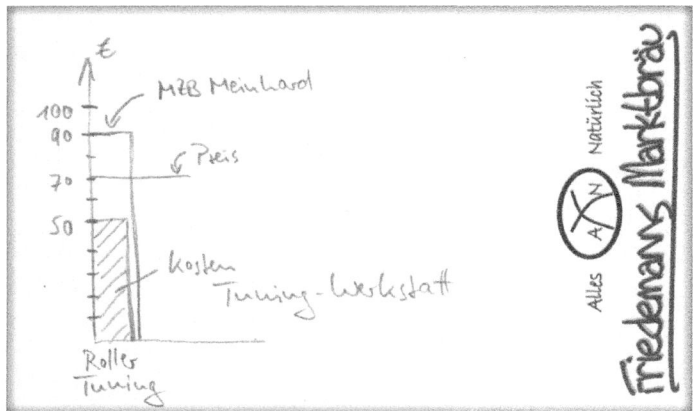

Meinhard schaut sich die Zeichnung an und denkt laut nach:

„Mir und damit auch der Gesellschaft entsteht ein Vorteil von 90 Euro. Dem Anbieter und damit wiederum der Gesellschaft entstehen Kosten in Höhe von 50 Euro. Der Gesellschaft insgesamt entsteht also ein Netto-Vorteil von 40 Euro. Die Gesellschaft hat einen Gewinn in Höhe von 40 Euro von unserer Transaktion! Der Preis teilt diesen Gewinn zwischen mir und dem Anbieter auf."

„Richtig! Dein Brutto-Vorteil eines Tunings beläuft sich auf 90 Euro, zieht man davon den Preis von 70 Euro ab, dann hast du den gleichen Netto-Vorteil wie der Anbieter, der diese 70 Euro für seine Leistung erhält, aber nur Kosten in Höhe von 50 Euro hat. Für eine einzelne Transaktion können wir also den daraus resultierenden Vorteil in Euro relativ einfach bestimmen: Bruttovorteil für den Konsumenten minus Herstellungskosten des Produzenten. So weit, so gut und auch so bekannt![2] Wir wollen aber, wenn wir uns überlegen, was der Vorteil eines Marktes für eine Gesellschaft ist, natürlich die Summe der Vorteile *aller einzelnen Transaktionen* auf dem Markt untersuchen. Dazu müssen wir zunächst einmal feststellen, wie viele Transaktionen auf einem Markt zustande kommen. Lass uns das Beispiel etwas ausdehnen und einen kleinen Markt mit jeweils fünf Nachfragern und Anbietern betrachten. Lass uns die Werte für die Maximale Zahlungsbereitschaft der fünf Nachfrager und die Kosten dieser fünf Anbieter in eine kleine Tabelle schreiben!"

---

2   Vgl. wiederum 2. Abend!

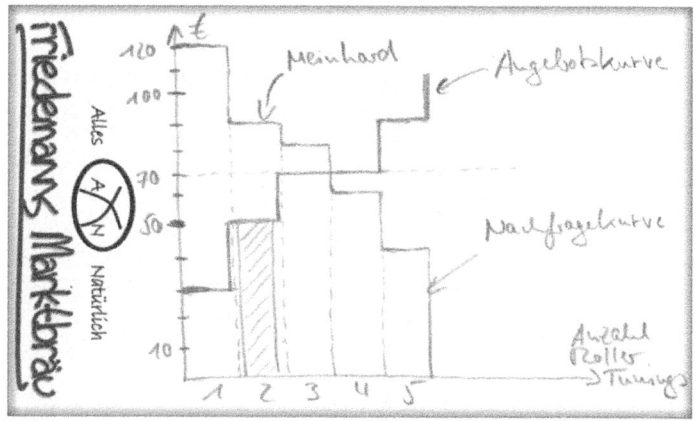

Roller Tuning Nummer	MZB Nachfrager	Kosten Anbieter
1	120	30
2	90 (Meinhard!)	50
3	80	70
4	60	70
5	40	90

„Die erste Frage an dich lautet: Wo befindet sich hier das Markt-Gleichgewicht?"

Meinhard muss nicht lange in der Tabelle nachsehen:

„Das haben wir hier bei drei Tunings. Beim vierten Tuning übersteigen die Kosten die Maximale Zahlungsbereitschaft der Nachfrager. Der Gleichgewichtspreis wird sich bei 70 Euro einpendeln. Denn wäre er bei 69 Euro, dann würde Werkstatt Nummer drei den Service nicht anbieten, wir hätten drei Nachfrager und zwei Anbieter – kein Gleichgewicht. Bei einem Preis von 71 Euro hätten wir vier Anbieter und drei Nachfrager – ebenfalls kein Gleichgewicht. Beim Preis von 70 werden drei *oder* vier Tunings angeboten, das hängt dann wohl von der Nachfrage ab. Jedenfalls ist die angebotene Menge nur beim Preis von 70 identisch mit der nachgefragten Menge – was ja die Voraussetzung für das Gleichgewicht ist."

Johanna hat inzwischen gezeichnet. Sie legt Meinhard die Grafik vor:

„Auch hier in der Grafik können wir sehen, dass du die Tabelle richtig interpretiert hast. Der Schnittpunkt von Angebotskurve und Nachfragekurve liegt bei drei Tunings und einem Gleichgewichtspreis von 70 Euro. Das ist also das Ergebnis, das man für diesen Markt erwarten könnte. Und in der Tat belegen viele Experimente von Ökonomen, dass sich so ein Ergebnis mit großer Wahrscheinlichkeit nach einiger Zeit einstellen wird. Das Marktmodell funktioniert erstaunlich gut, selbst dann, wenn es keinen Auktionator wie etwa an großen Börsen gibt, der verschiedene Preise ausruft und dann ermittelt, bei welchem Preis sich angebotene und nachgefragte Menge entsprechen. Tauschinteressenten finden das offenbar mit der Zeit ganz von selbst heraus. Es wäre ja auch verwunderlich, wenn es längere Zeit ungenutzte Möglichkeiten zur Bereicherung gäbe! Man mag ja manchmal bei einzelnen Exemplaren unserer Spezies große Zweifel an der Vernunft haben, aber das gilt sicher nicht für alle. Halten wir also fest: Das Modell vom Wettbewerbsmarkt würde für unseren kleinen Tuningmarkt als Ergebnis einen Preis von 70 und eine Transaktionszahl von drei vorhersagen. Das ist eine Prognose über etwas, das man erwarten darf. Nun ist aber nicht alles, was man erwarten darf, auch etwas, das man sich wünscht!"

„Wenn ich zum Beispiel mitten in der Pampa einen Platten habe, dann kann ich erwarten, dass ich meinen Roller lange schieben muss. Das ist etwas, das ich mir nicht wünsche."

„Richtig. Und daher müssen wir zwei Dinge auseinander halten. Erstens können wir uns fragen: *Was können wir erwarten?*[3] und zweitens: *Was würden wir uns wünschen? Wie sollte das Ergebnis am besten sein?*[4]"

„Du meinst: Wir können zwar das Gleichgewicht als Marktergebnis erwarten, aber es ist nicht klar, ob wir es uns auch wünschen sollten."

„Das genau meine ich! Wir können zwar auf der Basis von hoffentlich guten ökonomischen Theorien versuchen vorherzusagen, was in einer bestimmten Situation geschehen wird. Dann können wir nachher auch überprüfen, ob wir wirklich eine so gute Theorie haben. *The proof of the pudding is in the eating* – Wir prüfen den Pudding, indem wir ihn aufessen!, eine Erkenntnis, die hierzulande wohl der Ökonom Friedrich Engels[5] bekannt gemacht hat. Allerdings sagen viele Theorien auch hässliche und nicht wünschenswerte Dinge voraus, die Gravitationstheorie äußert sich zum Beispiel zum Ergebnis eines Sturzes aus dem dritten Stock. Oder die Biologie äußert sich zu dem, was man erwarten kann, wenn man einen Pudding isst, der Blausäure enthält."

„Ich verstehe: Die Theorie vom Marktgleichgewicht äußert sich nur dazu, ob es zustande kommt. Sie sagt nichts darüber, ob es auch OK geht."

---

3 Dies nennt man eine *positive* Analyse: Hier wird versucht festzustellen, wie die Welt funktioniert.

4 Dies ist eine *normative* Frage: Wie sollte etwas beschaffen sein, damit wir damit zufrieden sein können?

5 Etwa in Entwicklung des Sozialismus von der Utopie zur Wissenschaft, in: Karl Marx/Friedrich Engels (1972): Werke (MEW). 3. Auflage, Band 22, Berlin: Dietz, S. 296.

„Genau! Es wäre aber doch schön, wenn wir auch eine Theorie hätten, die es uns erlaubt, das Ergebnis zu bewerten, also zu sagen, ob wir damit zufrieden sein sollten oder nicht. Genau das können wir aber mit der *Wohlfahrtsökonomik*, also der Lehre vom Wert des Produktions- und Tauschprozesses für die Gesellschaft. Die Wohlfahrtsökonomik liefert uns das Handwerkszeug, diesen Wert zu quantifizieren und dann zu schauen, ob wir ihn größer machen können, wenn wir das Marktergebnis modifizieren. Konsumentenrente und Produzentenrente zusammen bilden die *Wohlfahrt*, also den Wert einer oder mehrerer Transaktionen und damit auch von Marktergebnissen für die Gesellschaft insgesamt. Da wir diese beiden Komponenten schon kennengelernt haben, können wir jetzt auch ganz unbeschwert Wohlfahrtsökonomik betreiben! Am besten machen wir das, indem wir das Marktgleichgewicht einfach vergessen und dich zum König von Deutschland machen! Du darfst bestimmen, wie viel hergestellt wird. Dabei solltest du aber an das Wohl deiner Untertanen denken und nicht daran, wie du dich selbst bereicherst. Du bist also ein *wohlwollender König*[6] und maximierst durch deine Entscheidung über die Herstellungsmenge die Wohlfahrt deiner Untertanen. Anschließend vergleichen wir deine königliche Entscheidung mit dem Marktergebnis."

„Wenn ich dich richtig verstehe", schaltet sich Meinhard ein, „dann können wir uns mit diesem Vergleichsmaßstab das Marktergebnis anschauen, und überprüfen, ob damit auch etwas wünschenswertes vorliegt – wir wollen es also bewerten. Das ist aber ganz schön ambitiös! Und andererseits ist die Wohlfahrtsökonomik damit etwas sehr Praktisches, weil wir uns nämlich mit ihr viel besser über Wirtschaftspolitik unterhalten können. Dort geht es ja vornehmlich um die Frage, ob der *König*, also heute der Staat, sich in *die Wirtschaft*, also letztendlich in Märkte, einmischen soll und wie er das tun sollte. Ob wir also sozusagen ein kleines Bisschen vom Königtum einführen. Wir hätten dann ein richtig solides Fundament für die Beurteilung von Wirtschaftspolitik und wären nicht mehr so schrecklich beliebig! Ich bräuchte dann nicht mehr sagen: *Diese wirtschaftspolitische Maßnahme finde ich gut* und bräuchte damit nicht mehr dem Zuhörer die Spekulation zuzumuten, warum ich sie gut finde. Stattdessen würde ich sagen: *Diese wirtschaftspolitische Maßnahme vergrößert die Wohlfahrt.* Damit wäre ich viel präziser in der Begründung meiner Meinung."

„Da hast du schon recht. An erster Stelle steht aber die Frage, ob es überhaupt in Ordnung ist, dass wir uns auf Märkte stützen und dass wir vom Marktmechanismus solche Dinge klären lassen wie: *Was soll hergestellt werden?* und *Wer soll es konsumieren?* Zwar können wir empirisch, das heißt durch systematisches Hinschauen, feststellen, dass Gesellschaften, die das anders organisiert haben, nicht so erfolgreich waren. Aber das ist ja wieder nur eine Antwort auf Frage eins: *Was können wir erwarten?* Ob das so in Ordnung geht, wissen wir nicht. Es könnte ja sein, dass der überlegene Entwurf gescheitert ist. Die Antwort auf Frage zwei ist damit noch nicht gegeben. Hier hilft uns aber die Wohlfahrtsökonomik weiter. Lass uns doch einmal für unseren Tuning-Markt

---

6   Im Ökonomesischen auch bekannt als *benevolent dictator*.

klären, ob die Wohlfahrt größer sein könnte, wenn wir nicht drei, sondern zwei oder vier Tunings nehmen. Gib doch mal den wohlwollenden König!", fordert Johanna Meinrad auf.

„Dazu berechne ich am besten in einer separaten Spalte die Wohlfahrt, die mit jedem Tuning verbunden ist, beginnend beim ersten Tuning. Ich schreib das mal in die Tabelle rein."

„Man kann dann direkt sehen, dass bis einschließlich zum dritten Tuning jedes zusätzliche Tuning einen positiven Wohlfahrtsbeitrag leistet. Der nimmt aber ständig ab. Ab dem vierten Tuning haben wir einen negativen Wohlfahrtsbeitrag. Das heißt, die aufsummierte Gesamtwohlfahrt aller Tunings nimmt ab dem vierten Tuning ab. Mehr als drei Tunings ist also nicht wünschenswert. Weniger als drei aber auch nicht, da die gesamte Wohlfahrt dann nicht so hoch wäre, wie sie sein könnte. Es gäbe noch Transaktionen, die zu Wohlfahrtszuwachs führen würden. Bei zwei Transaktionen beträgt die gesamte Wohlfahrt aller Transaktionen 130 Euro, bei vier Transaktionen auch. Das ist weniger als die Gesamtwohlfahrt von 140 Euro, die wir bei einer Tuning-Anzahl von drei haben. Als guter König würde ich hier also befehlen, dass drei Tunings stattfinden sollten!", erlässt König Meinhard sein Dekret.

„Und dies ist auch das Resultat des Wettbewerbsmarktes! Für unser kleines Marktbeispiel hier ist die Marktmenge identisch mit der Menge, die die Wohlfahrt maximal werden lässt! Das können wir mit dem Marktdiagramm aber auch für einen größeren Markt zeigen. Pass mal auf:"

Johanna zeichnet Angebotskurve und Nachfragekurve.

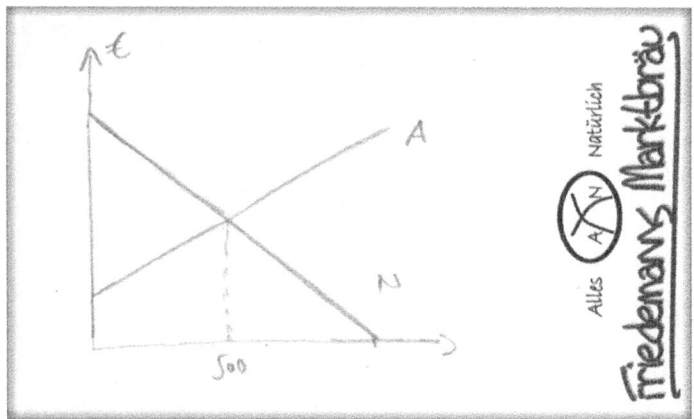

Sie markiert die Gleichgewichtsmenge und erklärt:

„Wir nehmen einfach mal ein paar Zahlen: Die Sättigungsmenge beträgt 1000 Einheiten des Gutes X. Die Gleichgewichtsmenge liegt bei 500 Einheiten. Rechts von der Gleichgewichtsmenge, also etwa bei der Mengeneinheit 750, haben wir überall Mengeneinheiten, bei denen die MZB der Nachfrager, ablesbar an der Nachfragekurve, unterhalb der durch diese Mengeneinheiten verursachten zusätzlichen Herstellungskosten für die Anbieter, ablesbar an der Angebotskurve, liegt. Wo der Spaß an einem Gut oder auch dessen zusätzlicher Nutzen für die Gesellschaft, in Geldeinheiten ausgedrückt, niedriger ist als die zusätzlichen Kosten, die seine Herstellung verursacht, da sollte die Herstellung besser unterbleiben."

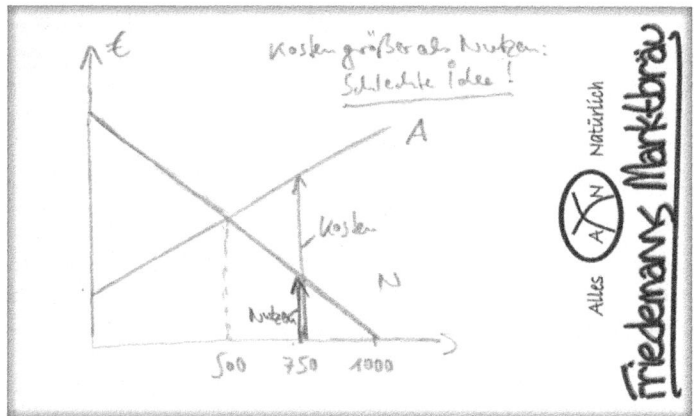

„Umgekehrt wäre der Verzicht auf die Herstellung und den Konsum von allen Einheiten links der Gleichgewichtsmenge, also etwa der Einheit 250, auch keine gute Idee, weil man dann auf lohnenswerte Transaktionen verzichten würde: der Spaß, den diese

Einheiten auslösen, ist größer als die Kosten, die deren Produktion aufwirft. Das wären also nicht genutzte gute Gelegenheiten zur Vermehrung der Wohlfahrt."

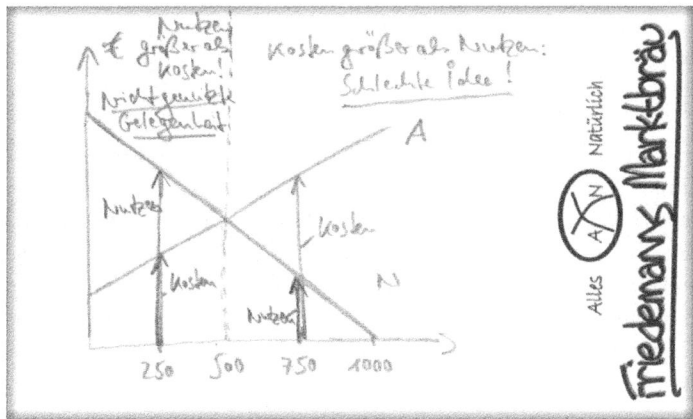

„Daher ist die Gleichgewichtsmenge nicht nur etwas, das sich nach aller Erfahrung einstellt – sondern auch etwas, dass sich unbedingt einstellen *sollte*, weil damit sichergestellt wird, dass für die Gesellschaft insgesamt genau die richtige Menge hergestellt wird! Du erinnerst dich bestimmt an unser Gespräch über die Grenzbetrachtung[7] beziehungsweise über die Gedanken, die man sich als rationaler Mensch immer über die Konsequenzen des nächsten Schrittes machen sollte! Hier denkt sozusagen die gesamte Gesellschaft oder halt der gute König über den nächsten Schritt, die Herstellung einer weiteren Einheit des Produktes für einen bestimmten Markt, nach. Der Vorteil einer weiteren Einheit ist, dass das Produkt einem einzelnen Gesellschaftsmitglied – und damit auch der Gesellschaft insgesamt – Freude macht. Der Nachteil ist, dass der Gesellschaft in Gestalt eines bestimmten Produzenten, zusätzliche Kosten entstehen. Das gilt es für den guten König zu vergleichen!"

Meinhard ist beeindruckt:

„Wenn ich an unser Gespräch über den Tausch[8] denke, dann erscheint der Markt insgesamt als ein Wunderwerk der Organisation: Er vermittelt die Illusion von perfekter absichtsvoller Planung und ist doch nichts anderes als ein anarchisches Gewusel von Individuen. Im Zusammenwirken einer riesigen Anzahl von einzelnen Akteuren, die nur ihre individuellen kleinen Entscheidungen über Konsummengen und Produktionsmengen treffen, kommt am Ende eine große Gesamtentscheidung heraus, die nicht nur die Pläne kompatibel macht, sondern auch noch das Beste für die Gesellschaft insgesamt ist. Der Preismechanismus lenkt zur Gleichgewichtsmenge hin, die auch noch das Wohlfahrtsoptimum garantiert. Alle Achtung!"

---

7   Vgl. 8. Abend!
8   Vgl. 6. Abend!

„Deine Ehrfurcht ist sicher nicht ganz unbegründet. Wenn man sich das einmal über-legt, ist es schon sehr verblüffend. Niemand bestimmt, wie viele Fuchsschwänze für den Rollerfahrer in den Regalen sind, und doch sind es immer etwa so viele, wie die Leute auch haben wollen. Wenn dir morgen einfällt, dass du unbedingt eine Wind-schutzscheibe brauchst, kannst du sie dir gleich kaufen, vermutlich stehen dir sogar ein paar unterschiedliche Modelle zur Wahl!"

Meinhard ist nach seinem Überschwang auf einmal etwas nachdenklich geworden:

„Sag mal, eine Sache finde ich aber bedenklich: Wir unterstellen doch mit der Wohl-fahrtsökonomik, dass es OK ist, wenn ich anstelle von jemand anderem etwas be-komme, wenn ich die größere Zahlungsbereitschaft dafür habe, als dieser jemand. Da aber für meine Zahlungsbereitschaft neben meinen Präferenzen auch meine Zahlungs-fähigkeit maßgeblich ist, gehen wir damit implizit davon aus, dass die Verteilung der Zahlungsfähigkeiten OK ist. Denn wenn ich aus Gründen, die nicht akzeptabel sind, zahlungsfähiger bin als andere, dann kann letztlich meine unter anderem auch daraus resultierende Zahlungsbereitschaft nicht akzeptabel sein!"

„Das ist schon richtig so!", bestätigt ihn Johanna. „Du akzeptierst implizit die Vertei-lung der Zahlungsfähigkeiten und damit der Einkommen und Vermögen, wenn du wohlfahrtsökonomisch mit der Konsumentenrente argumentierst. Wärst du nicht einverstanden damit, dann würden die maximalen Zahlungsbereitschaften die Werte der für den Verbrauch produzierten Güter und Dienstleistungen nicht gut messen. Aber das ist natürlich noch kein Argument gegen den Markt im allgemeinen, sondern höchstens eins gegen bestimmte Segmente des Arbeitsmarktes – denn du kannst ja zunächst mal versuchen, die Verteilung der Einkommen und Vermögen so zu ändern, dass es OK wäre. Dann wäre auch wieder die Bewertung mittels der maximalen Zah-lungsbereitschaft OK. Und jetzt musst du aber noch meine Bedenken zerstreuen: Du hast doch gewiss vor, nach dem Tuning nur abseits der öffentlichen Verkehrswege Roller zu fahren?"

Meinhard versucht, eine Spur von Beleidigt-Sein in seine Mundwinkel zu bekommen.

„Keine Bange, du solltest mich doch kennen: Ich bin gesetzestreu!"

Der 12. Abend: Fünf Raucher und der Rest der Gesellschaft

Meinungsverschiedenheiten zwischen gutem König und Markt

Als Meinhard das *Maximahl* betritt, kommt er an dem üblichen Trupp von Glimmstängel-Aficionados vorbei, die seit einiger Zeit vor Gaststätten ein neues europäisches Phänomen darstellen. Manchmal raucht auch er ganz gerne eine Zigarette. Als er in der kleinen Open-Air-Gesellschaft einen Freund erblickt, der ihm eine Zigarette anbietet, lässt er sich daher nicht zweimal bitten. Johanna und er haben inzwischen das akademische Viertel eingeführt und so läuft er auch nicht Gefahr, wegen zu spätem Erscheinens im Lokal eine Rüge zu erhalten.

Die erhält er aber wegen des kleinen Aromas, das er aus dem Freien mit an den Tisch bringt. Johanna schnüffelt ein wenig.

„Haben wir da etwa einem Laster gefrönt, das der Gesetzgeber nicht billigt?", begrüßt sie ihn.

„Dir bleibt aber wirklich wenig verborgen! Ich rauche aber doch nur noch, wenn mir eine Zigarette angeboten wird..."

„Du brauchst dich gar nicht zu rechtfertigen. Wenn es das Wohlbefinden befördert, soll man das ruhig tun. Die Konsumentscheidung eines mündigen Bürgers hinterfrage ich doch nicht! Ich gehöre zwar als nunmehrige Nichtraucherin zu den Nutznießern des Rauchverbots in den Gaststätten, aber das macht mich nur bedingt zu einer Befürworterin dieser Maßnahme. Schließlich zeugt es wenig von Souveränität, wenn man etwas gut findet und unterstützt, nur weil es einem selbst nutzt."

„Da muss schon das gesellschaftliche Wohl betrachtet werden, nicht wahr?"

„Ganz recht. Und ob das nun durch das Rauchverbot vermehrt oder gemindert wird, ist mir nicht ganz klar. Ich frage mich immer, wo denn die vielen Nichtraucher-Gaststätten vor dem Rauchverbot waren, die beredt Zeugnis von der angeblich großen Präferenz der Nichtraucher auf einen rauchfreien Schank Raum abgelegt hätten. Diese von vielen behauptete Präferenz war jedenfalls stark verhüllt. Aber nichtsdestotrotz: ein schönes Beispiel für einen *negativen externen Effekt* ist das Rauchen schon!"

„Für einen was?"

Johanna führt aus:

„Ökonomen nennen es einen externen Effekt, wenn wir außer den zwei Parteien der Konsumenten und Produzenten eines Gutes noch eine dritte haben, die durch das Produkt direkt besser oder eben schlechter gestellt wird. Nimm die Rauchwaren: Der Rauchwarenkonsument tritt in ein Tauschgeschäft mit dem Rauchwarenproduzenten, das zu beiderseitigem Nutzen und Frommen ist. Der Raucher kauft und raucht zu seiner Erbauung ein Päckchen Zigaretten, der Produzent erhält dafür einen Preis, der mindestens seine Kosten deckt. Der Raucher berücksichtigt bei der Kaufentscheidung seinen Spaß, der offenbar größer ist als der Preis für das Päckchen Zigaretten – denn sonst würde er es nicht kaufen. Bei der Evaluierung seines Spaßes berücksichtigt der Raucher als vernünftiger und mündiger Bürger dabei auch die Wirkung des Rauchens auf seine eigene Gesundheit. Was so auf den Päckchen steht, die ganzen Hinweise auf die Gesundheitsrisiken, geht sicherlich in die Kaufentscheidung mit ein. Was aber *nicht* mit in die Entscheidung eingeht, das sind die Wirkungen des Rauchens auf die Gesundheit der Passivraucher in der Umgebung des Rauchers. Das ist unsere dritte Partei, die durch den Konsum des Produkts direkt schlechter gestellt wird. Der Gesamtspaß für die Gesellschaft kann nun nicht mehr allein dadurch bestimmt werden, dass man den Spaß der einzelnen Raucher summiert. Man muss den Verdruss der Passivraucher auch berücksichtigen und diese Position subtrahieren!"

„Stimmt: Die Nachfragekurve lügt in diesem Fall! Jedenfalls wenn wir sie als Maßstab für den Wert des Rauchens für die Gesellschaft nehmen."

„Hier ist ein kleines Zahlenbeispiel, das den Sachverhalt vielleicht ein wenig illustriert: Wir haben fünf Raucher, wir können ihnen auch kurze einprägsame Namen geben. Ihren Spaß am Rauchen können wir in der folgenden Tabelle ihrer Maximalen Zahlungsbereitschaften für ihre tägliche Packung Zigaretten aufnotieren."

„Ich nehme an, das ist der bereits um die Auswirkungen auf die *eigene* Gesundheit korrigierte Spaß!", erkundigt sich Meinhard.

„So ist es! Wäre Rauchen unbedenklich, dann wären die MZB der Raucher noch höher. Wenn wir jetzt annehmen, dass die Grenzkosten der Herstellung einer Packung Zigaretten immer vier Euro betragen: was meinst du als guter König[1] Meinhard, wie viele Päckchen in diesem Fall konsumiert werden sollten?"

„Lass mal sehen, also: Bei Max, Mex und Mix übersteigt der Spaß am Rauchen die Kosten der Herstellung. Bei Mox wären die Kosten größer als sein Spaß von drei Euro. Also sollten drei Päckchen hergestellt und geraucht werden. Damit würde die Wohlfahrt um insgesamt sechs Euro steigen. Denn wenn wir die Produktionskosten berücksichtigen beträgt bei Max der Wohlfahrtszuwachs drei, bei Mex zwei und bei Mix einen Euro."

„Soweit so gut, König Meinhard! Und was kommt beim Wettbewerbsmarkt heraus?"

„Da alle Hersteller zu den gleichen und auch bei Änderung der Herstellungsmenge offenbar gleich bleibenden Grenzkosten in Höhe von vier Euro produzieren, wird der Wettbewerb unter ihnen dafür sorgen, dass der Marktpreis auf vier Euro fällt. Es würden auch im Wettbewerbsmarkt drei Päckchen hergestellt und weg gepafft. Wir brauchen den guten König Meinhard also wieder nicht, weil der Markt ihn entbehrlich macht!"

„Bislang nicht! Jetzt wollen wir aber annehmen, dass die Raucher nicht allein auf der Welt sind und durch das Rauchen einer Packung Zigaretten die Passivraucher einen Schaden von insgesamt 1,50 Euro erleiden. Dadurch passiert jetzt folgendes: der private Spaß der Raucher am Wegquarzen eines Päckchens Zigaretten ist nicht mehr die alleinige Wirkung auf die Wohlfahrt von Gesellschaftsmitgliedern. Wir haben auch die Passivraucher, die bei der Bewertung des Spaßes berücksichtigt werden müssen. Wenn wir den gesamten Spaß des Sozialwesens, also den aufsummierten Spaß *aller* Gesellschaftsmitglieder, haben wollen, dann müssen wir von dem privaten Raucher-Spaß jeder Packung Zigaretten 1,50 Euro abziehen. Dann haben wir den *sozialen Spaß*. Wir zeichnen das am besten mal auf!"

Johanna zeichnet für die fünf Raucher die maximalen Zahlungsbereitschaften und leitet daraus zuerst die Nachfragekurve ab.

---

[1] Vgl. 11. Abend: Meinhard soll als guter König Entscheidungen für seine Untertanen treffen, die deren Wohlfahrt so groß wie eben möglich werden lässt. Die Figur ist in der Ökonomik als *benevolent dictator* bekannt und beliebt.

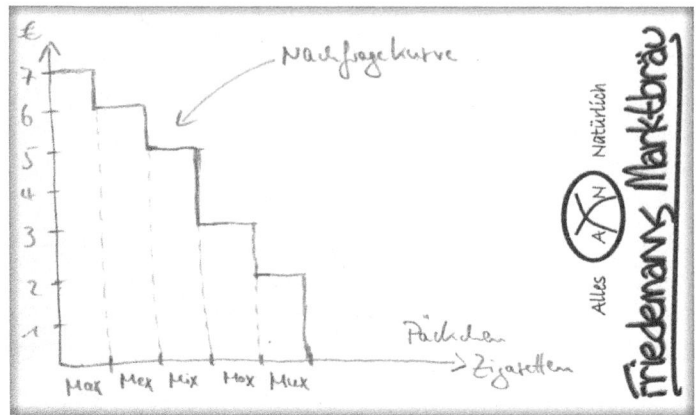

„Hier haben wir also nach bekannter Manier die Nachfragekurve in Treppenform aus den MZBen unserer fünf Raucher bestimmt. Wenn wir jetzt aber berücksichtigen wollen, dass es auch noch die Passivraucher gibt, die sich durch das Rauchen gestört fühlen, dann müssen wir deren Verdruss in Höhe von 1,50 Euro für jedes gerauchte Päckchen von dem Spaß der Raucher subtrahieren. Was wir dann erhalten, ist der Gesamtspaß der Gesellschaft, bestehend aus Rauchern und Passivrauchern, als Saldo-Größe. Wir nennen das mal den *sozialen Spaß*[2] – um ihn vom privaten Spaß der Raucher zu unterscheiden. Das ergibt also eine neue Kurve unterhalb der Nachfragekurve. Ich zeichne außerdem noch die Grenzkosten ein. Schau, hier ist das alles berücksichtigt und wir haben, was wir brauchen!"

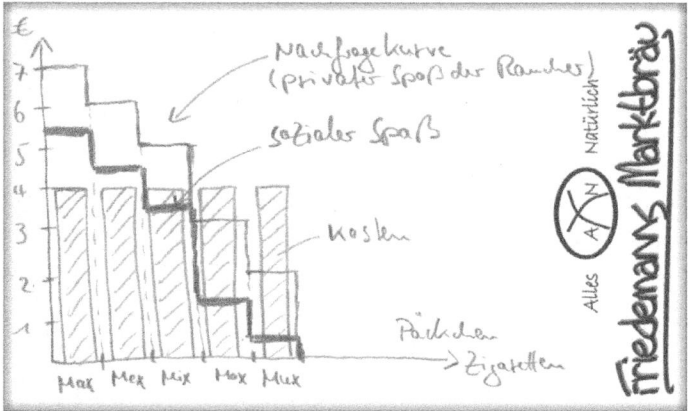

---

2   Im Ökonomesischen auch als *sozialer Nutzen* bekannt

„So, guter König Meinhard! Jetzt ans Werk! Was würdest du als Herstellungsmenge befehlen?"

„Zwei Päckchen sollten reichen!", beschließt der Monarch. „Das dritte Päckchen für Mix verursacht für meine Untertanen insgesamt, also einschließlich Mix, nur noch einen Spaß von 3,50. Aber es vergrößert die gesamten Herstellungskosten um vier Euro. Also wäre das keine gute Idee mehr. Das gleiche gilt natürlich auch für die Päckchen von Mox und Mux, die aber schon bei der Marktlösung nicht geraucht worden wären."

Johanna bringt es auf den Punkt:

„Was wir hier haben, ist eine Meinungsverschiedenheit zwischen gutem König und Markt. Das nennt man auch ein Marktversagen: Der Markt ist nicht in der Lage, das für alle Gesellschaftsmitglieder insgesamt Beste[3] automatisch herbeizuführen. Beim Wettbewerbsmarkt wäre das Ergebnis ja drei Päckchen Zigaretten pro Tag. Durch den Konsum des letzten Päckchens, des dritten, entsteht für die Gesellschaft insgesamt ein Verlust von 50 Cent, denn um diesen Betrag liegen die Kosten über dem Nutzen für alle Gesellschaftsmitglieder. Wenn du den Gesamtspaß für alle Gesellschaftsmitglieder für das Marktergebnis ermittelst, kommst du bei drei Päckchen auf 5,50 Euro plus 4,50 Euro plus 3,50 Euro, also auf insgesamt 13,50. Bei Mehrkosten in Höhe von drei mal vier gleich zwölf Euro hast du damit nur noch einen Netto-Spaß von 1,50 Euro. Du könntest bei nur zwei Päckchen aber einen Netto-Spaß von zehn minus acht gleich zwei Euro haben."

„Bei der Marktlösung wird zu viel geraucht! Bei externen Effekten brauchen wir also mich, den guten König Meinhard!"

„Der bräuchte aber zunächst mal alle Informationen, die für ihn notwendig sind, damit der seine wunderbar-wohlfahrtsoptimale Menge finden kann!", bremst ihn Johanna im Machtrausch.

„Der gute König müsste also die MZB bzw. die Nachfragekurve kennen. Ferner den Geldwert für den Schaden der Passivraucher, also den negativen externen Effekt, ferner die Kosten der Zigarettenhersteller... Nein, nein: gut sein allein reicht beim König nicht – er muss außerdem allwissend sein! Wenn man nach dem König oder vielleicht auch der Regierung ruft, sollte man sich darüber schon klar sein. Zudem natürlich auch darüber, dass den guten König oder auch die Regierung vielleicht nicht nur das edle Motiv umtreibt, die Wohlfahrt aller Gesellschaftsmitglieder zu maximieren. Schon mal was von Lobbygruppen gehört?"

„Aber es besteht doch zumindest die Möglichkeit, dass das Marktergebnis verbessert werden kann! Vielleicht gelingt das ja tatsächlich", ist Meinhard noch immer optimistisch.

---

3   Im Ökonomesischen das *soziale Optimum*

„Das will ich ja gar nicht abstreiten. Aber ich will darauf hinweisen, dass man nicht automatisch davon ausgehen darf, dass bei externen Effekten der Staatseingriff die Situation verbessert. Es wäre ja schön, wenn die Gesellschaft bei einem externen Effekt einfach ausrufen würde: Liebe Regierung, bitte richte das zu unser aller Bestem! Und dann würde die Regierung alles zu aller Bestem richten..."

Meinhard ist offenbar von der Vorstellung amüsiert. Johanna fährt fort:

„Na ja, wie auch immer: Wir müssen, da das Königtum ja nur eine sehr hypothetische Möglichkeit darstellt, jetzt auch noch klären, wie die Wirtschaftspolitik in einem demokratischen Staat das überhaupt hinkriegen könnte. Interessanterweise kann sie nämlich den Markt für den Zweck der Wohlfahrtsmehrung bei externen Effekten nutzen. Sie kann zum Beispiel die Aktivität besteuern, die mit dem negativen externen Effekt verbunden ist. Was damit im Grunde passiert ist folgendes: Dem externen Effekt wird in Form der Steuer ein Preis zugewiesen. Wenn der in der richtigen Höhe gewählt wird, dann kann man sich wieder auf den Markt verlassen und letztlich darauf, dass der Preismechanismus alle Marktteilnehmer zum gesellschaftlich richtigen Handeln veranlasst. Guck dir am besten unsere Zeichnung an. Wenn ich von den Rauchern eine Steuer in Höhe von 1,50 Euro pro Päckchen verlange – was passiert dann?", erkundigt Johanna sich bei Meinhard.

„Wenn Max insgesamt sieben Euro für ein Päckchen Zigaretten bezahlen würde und nun weiß, dass er 1,50 Euro Steuern in die Staatskasse zahlen muss, dann bleibt für den Kauf der Zigaretten nur noch eine Zahlungsbereitschaft von 5,50 Euro übrig.[4] Das gleiche gilt auch für die übrigen Raucher. Sie haben alle eine um 1,50 Euro niedrigere Zahlungsbereitschaft. Das heißt: Die Nachfragekurve verschiebt sich um 1,50 Euro nach unten!"

„Und damit ist sie identisch mit der Kurve des sozialen Nutzens!", stellt Johanna klar. „Die Raucher berücksichtigen bei ihrem Marktverhalten die Nebeneffekte ihres Konsums auf die Passivraucher und voilà: – das Marktgleichgewicht führt wieder zum für alle besten Ergebnis. Wir brauchen den guten König Meinhard nicht mehr! Ein anderes Beispiel: Beim motorisierten privaten Straßenverkehr gibt es auch negative externe Effekte: Die Unfalltoten, die Abgase, den Lärm, ... Wenn du den Straßenverkehr ‚konsumieren' willst, dann musst du ein ganzes Güterbündel einkaufen, vor allem ein Fahrzeug und Treibstoff dafür. Wir zeichnen das jetzt einmal in eine einfache Marktgrafik ein:

---

4   Siehe das Gespräch am 10. Abend!

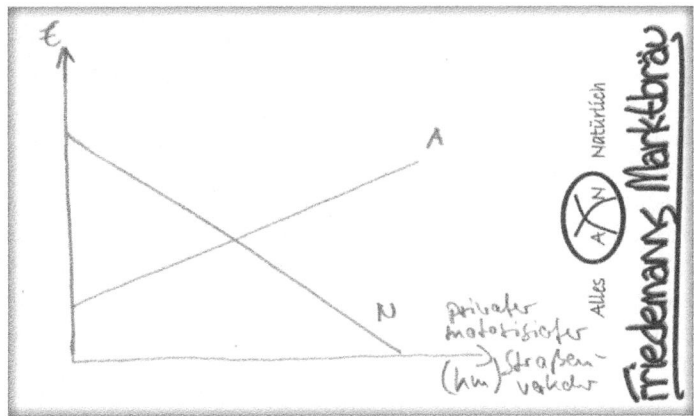

Die Angebotskurve reflektiert nur die Kosten der Produzenten für die Komponenten des Güterbündels, also für die Autos, Motorräder, Roller, für das Benzin und für die Straßen. Die Nachfragekurve reflektiert nur den Nutzen, den die Verkehrsteilnehmer selbst haben. Bei dem sollte das eigene Risiko, einen Unfall zu haben, natürlich bereits berücksichtigt sein. Was sich auf dem Markt aber nicht bemerkbar macht, das sind die Schäden, die Dritte erleiden, weil sie als Fußgänger angefahren werden oder weil sie wegen der Abgase oder wegen des Lärms krank werden. Das sind die externen Kosten des Straßenverkehrs. Ich zähle diese zu den privaten Kosten der Anbieter dazu und zeichne eine neue Kurve ein, nämlich die Kurve der sozialen Grenzkosten, also der Grenzkosten für die Gesellschaft insgesamt.

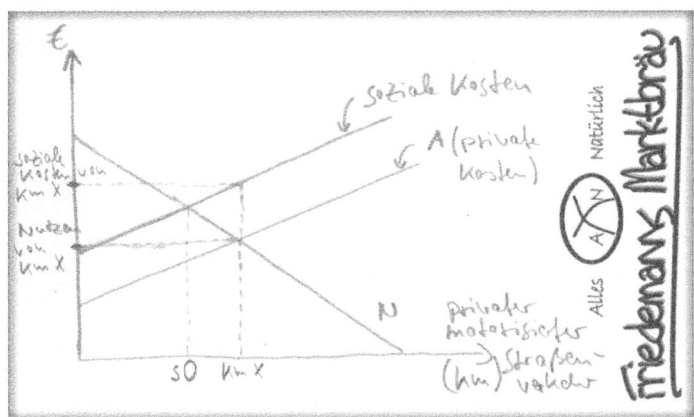

So, das war die Vorarbeit, jetzt kommt das Nachdenken!", beschließt Johanna ihre Zeichenarbeit.

„Du denkst vor, ich denke nach! Leg los!", fordert Meinhard Johanna auf.

„Schau dir die Situation bei Kilometer x an, einem der sicher in viele Milliarden gehenden im Jahr zurückgelegten Kilometer im Straßenverkehr in Deutschland. Das ist der letzte, der im Marktgleichgewicht zurückgelegt werden würde. Im sozialen Optimum müssten wegen der negativen externen Effekte des Straßenverkehrs deutlich weniger Kilometer gefahren werden. Die für die Gesellschaft insgesamt beste Kilometerzahl im privaten motorisierten Straßenverkehr läge im sozialen Optimum *sO*, im Schnittpunkt der wahren gesellschaftlichen Kosten und der Nachfragekurve. Der Kilometer x verursacht insgesamt für die Gesellschaft Kosten in einer Höhe, die du an der Kurve ‚soziale Kosten' ablesen kannst. Er stiftet für die Nachfrager nach privatem motorisiertem Straßenverkehr einen viel geringeren Nutzen. Die Differenz ist der Wohlfahrtsverlust, der vom Kilometer x verursacht wird. Ich zeichne die Überlegungen für den Kilometer x mal separat auf. Hier:"

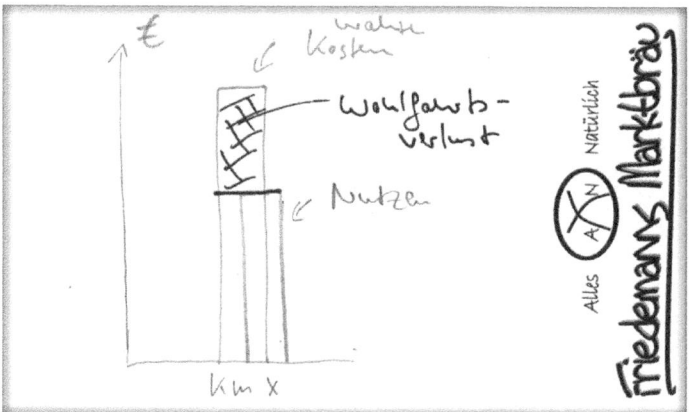

„So wie der Kilometer x verursachen aus dem gleichen Grund aber *alle Kilometer zwischen sO und Kilometer x* ebenfalls einen Wohlfahrtsverlust. Den gesamten Wohlfahrtsverlust für die Gesellschaft, der wegen der externen Kosten des Straßenverkehrs entsteht, kann man daher durch die Fläche im Dreieck BCD messen."

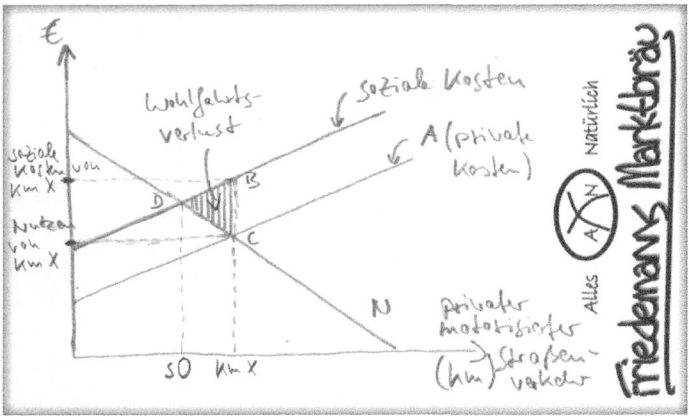

„Im Prinzip genau das gleiche Argument wie bei unserem Raucherbeispiel!", erkennt Meinhard Vertrautes wieder und fügt hinzu:

„Auch hier könnten wir überlegen, ob nicht eine Steuer auf den motorisierten Straßenverkehr oder vielleicht praktikablerweise auf eine, wie hast du nochmal gesagt: ‚Komponente des für seinen Konsum notwendigen Güterbündels' helfen könnte. Im Idealfall würde durch die Steuer und die damit einhergehende Erhöhung der Angebotskosten die Angebotskurve auf die Kurve der sozialen Grenzkosten verschoben. Dazu müsste die Steuer pro Kilometer den Abstand zwischen C und B betragen. Dann würden nur noch sO Kilometer im motorisierten Straßenverkehr gefahren – und das Beste für die Gesellschaft wäre erreicht."

„Und in der Tat wird häufig ja argumentiert, dass die Steuern auf Mineralöl oder auf den Besitz eines Kraftfahrzeugs eine solche Funktion hätten!"

Meinhard ist sich nicht sicher, ob dieses edle Motiv tatsächlich hinter der hohen Mineralöl-Besteuerung liegt. Er sagt:

„Jetzt müssen wir uns nur noch überlegen, welche negativen externen Effekte vom Bier ausgehen, damit wir dem Finanzminister noch eine prima Begründung für die Biersteuer liefern können!"

Der 13. Abend: Musik bei Friedemann

Versuch über die Abwesenheit der Jukebox

Johanna und Meinhard wundern sich über ein Novum im *Maximahl*: Friedemann hat sich offenbar eine kleine Anlage in sein Lokal installieren lassen – und aus deren Lautsprechern tönt nun dezente Bar-Musik. Die bislang übliche Klangkulisse war vom Summen der Nebentisch-Gespräche, Stuhlrücken, Zapfgeräuschen und vom gelegentlichen Klang der Biergläser beim Anstoßen geprägt gewesen. Das wird jetzt von Harmonien, Rhythmen und Melodien überlagert. Beide finden: Angenehm überlagert. Die Atmosphäre im *Maximahl* hat zweifellos gewonnen!

„Warum es wohl in allen Lokalen, die ich besuche, keine Jukebox mehr gibt?", fragt sich nachdenklich Meinhard. „Das war früher doch durchaus üblich! Du konntest ein paar Münzen opfern und dann mit deinen Lieblingstiteln das Lokal beschallen."

Johanna erzählt eine Familienanekdote:

„Mein Onkel erhielt in seiner Jugend Lokalverbot, nur weil er die Angewohnheit hatte, ein und denselben Titel zehnmal zu wählen. Der gefiel zwar meinem Onkel sehr gut, ging aber den anderen Gästen fürchterlich auf die Nerven, was sicher mit abnehmendem und schließlich negativem Grenznutzen dieses Titels zu tun hatte! Mag sein, dass solche Charaktere wie mein Onkel mit dem Verschwinden der Jukebox etwas zu tun haben..."

„Wenn ich es recht betrachte", betrachtet Meinhard es recht, „ist mir die moderne Variante der Gastraum-Beschallung mit kleiner Anlage und wenig Gast-Einfluss auch deutlich lieber als die Jukebox! So etwas wie dein Onkel kam in den Kneipen bei uns im Kaff zwar nicht allzu häufig vor, aber extreme Präferenzen bei den Songs haben sich doch öfter durchgesetzt, als mir lieb war. Außerdem war manchmal stundenlang gar nichts zu hören."

„Und so kam es also zur Verwandlung eines ursprünglich privat bereit gestellten Gutes mit externen Effekten in ein öffentliches Gut, das von der zentralen Autorität bereit gestellt wird!", sagt betont kryptisch Johanna. Was Meinhard natürlich neugierig macht:

„Du sprichst mal wieder in Rätseln, teure Freundin! Aber so wie ich dich kenne, wirst du diese gleich lüften!"

„Sehr wohl! Stets zu Diensten! Das ist nämlich so: Einige Güter werden vom Markt nicht in ausreichender Menge bereitgestellt. Dazu könnte die für alle Gäste angenehme Beschallung im Gastraum zählen. Mit der Marktlösung dieses Problems – also mit Jukebox – haben wir ein nach Art und Menge unbefriedigendes Angebot: Titelhäufung und damit negative externe Effekte[1] für die anderen Gäste und lange Stille. Die Institution der Jukebox bietet nicht die nötigen Anreize, damit für alle Gäste ein angenehmes, das heißt abwechslungsreiches und kontinuierliches Musik-Angebot geschaffen wird. Das hängt mit zwei besonderen Eigenschaften der Dienstleistung „Angenehme Hintergrundmusik im Gastraum" zusammen. Zunächst und erstens haben wir da den Umstand, dass es meinen Konsum in keiner Weise beeinträchtigt, wenn du die Hintergrundmusik ebenfalls konsumierst – oder gar alle anderen Kneipengäste dies tun![2] Bei der Hintergrundmusik ist es anders als beim Bier: Wenn *du* das Bier trinkst, kann *ich* es nicht mehr trinken. Doch damit nicht genug, denn hinzu kommt noch eine zweite Besonderheit: Du kannst einen Kneipengast schlecht vom Konsum der Hintergrundmusik ausschließen![3] Das war ja gerade das Problem bei meinem Onkel! Das ist wieder anders als beim Bier: Hier kann ich dich vom Konsum ausschließen, wenn es mein Bier ist. Und Friedemann kann uns beide vom Konsum ausschließen, wenn wir nicht bezahlen wollen. Liegen beide Besonderheiten vor, haben wir also sowohl *Nicht-Rivalität* als auch *Nicht-Ausschließbarkeit*, dann handelt es sich um ein sogenanntes *öffentliches Gut*. Und bei öffentlichen Gütern haben wir, ganz im Gegensatz zu den privaten Gütern, bei denen Rivalität im Konsum und Ausschließbarkeit vorliegt, eine chronische und notorische Unterversorgung durch den Markt. Es gibt keine Anreize, sie in ausreichender Qualität und Menge bereit zu stellen", führt Johanna zur Erläuterung aus.

Meinhard bestätigt:

„Das leuchtet ein: wenn ich niemanden anderen vom Konsum ausschließen kann, wenn ich ein Gut kaufe und konsumiere, dann gebe ich ja im Grunde fast so etwas wie eine Lokalrunde! Da würde ich lieber warten, bis jemand anderes das tut, und mir damit ein wenig Geld sparen. Am Ende warten dann alle auf alle anderen und niemand konsumiert!"

„Das genau ist der Kern des Problems bei öffentlichen Gütern! Man nennt es das *Trittbrettfahrer-Problem*: Solange der uneingeschränkte Mit-Konsum problemlos möglich – wegen der Nicht-Rivalität – und gratis – wegen der Nicht-Ausschließbarkeit – ist, solange bestehen zu geringe Anreize zum Kauf! Man wartet einfach auf die anderen – in vielen Fällen vergeblich. Solange du allein die Kosten trägst, aber alle anderen den gleichen Vorteil haben wie du, gibt es ein Problem. Deswegen sind die Ritter so schwer

---

[1]   Vgl. 12. Abend!
[2]   Auf Ökonomesisch nennt man dies, etwas pompös, *Nicht-Rivalität im Konsum*.
[3]   Dieser Umstand heißt im Ökonomesischen *Nicht-Ausschließbarkeit*.

zu finden, die den Drachen töten![4] Man kann es wegen der starken positiven Auswirkungen auf Dritte, also auf an der unmittelbaren Transaktion nicht beteiligte Personen, auch so formulieren: Von öffentlichen Gütern gehen starke positive externe Effekte aus. Während Güter mit negativen externen Effekten in zu großem Umfang hergestellt und konsumiert werden, werden Güter mit positiven externen Effekten, also eine angenehme Gastraum-Beschallung, in zu geringem Umfang privat hergestellt und konsumiert. Besonders problematisch ist das dann, wenn der externe Effekt 100 Prozent des Gesamteffektes ist – wie bei öffentlichen Gütern!"

Meinhard erkundigt sich:

„Öffentliche Güter – heißen die so, weil sie von der gesamten Öffentlichkeit, also allen Gesellschaftsmitgliedern, konsumiert werden? Oder weil sie öffentlich her- und bereit gestellt werden müssen, da dies privat nicht im nötigen Ausmaß geschieht?"

„Ich würde sagen: sowohl als auch! Jedenfalls bleibt bei öffentlichen Gütern keine andere Wahl, als sie im Auftrag der gesamten Gesellschaft herzustellen. Das macht oder zumindest organisiert dann am besten die gesellschaftliche Zentralinstitution, auf der ganz großen Ebene also der Staat. Für lokale öffentliche Güter wie Feuerwehrdienste können das natürlich auch kleinere Gemeinschaften wie die Kommunen übernehmen. In unserem Fall der kleinen Kneipen-Gemeinschaft hat ja Friedemann als Zentralinstitution die Bereitstellung der Hintergrundmusik übernommen!"

„Das hört sich eigentlich ganz einfach an! Wenn für öffentliche Güter Märkte nichts taugen – OK, dann stellt sie eben der Staat bereit", schlägt Meinhard vor

„Na ja, ganz so einfach liegen die Dinge halt doch nicht", entgegnet Johanna.

„Das *erste* Problem ist festzustellen, was eigentlich wirklich öffentliche Güter sind. Wo gilt ernsthaft Nicht-Rivalität und Nicht-Ausschließbarkeit? Zum Beispiel bei unserem Autobahn-Netz, das viele gerne als öffentliches Gut sehen? Dass hier Rivalität im Konsum herrscht, kannst du dir immer nach den Nachrichten im Radio anhören – bei den Staumeldungen. Und warum eigentlich Nicht-Ausschließbarkeit? Als ob es nicht die Technik gäbe, Kilometerweise die Nutzung in Rechnung zu stellen und Nicht-Zahler von der Nutzung auszuschließen. In anderen Ländern funktioniert das ganz gut. Und dann haben wir, selbst wenn wir Einigung darüber erzielen, dass es sich tatsächlich um ein öffentliches Gut handelt, das *zweite* Problem, es im richtigen Ausmaß zur Verfügung zu stellen. Unser Rechtssystem ist sicher ein öffentliches Gut, aber: Wie viele Gesetze, Polizisten, Richter und Knäste braucht das Rechtssystem? Anderes Beispiel: Wie hoch sollen die Ausgaben für das Militär sein? Noch eines: Wie engmaschig soll das soziale Netz sein? Auch wenn wir mit gutem Grund sagen können, dass es sich beim Rechtssystem, beim Militär und bei der Armutsbekämpfung um öffentliche Güter handelt, so bleibt doch noch die Frage des Niveaus."

---

4   Ein Artikel, der sich mit dem Problem öffentlicher Güter befasst heißt: Dragon-slaying and ballroom dancing: The private supply of a public good (Christopher Bliss and Barry Nalebuff, Journal of Public Economics, 1984, vol. 25, issue 1-2, 1-12)

„Wie man ja an vielen politischen Debatten feststellen kann!"

„Nimm einmal das Beispiel einer Kommune, die für ihre Bürger ein Feuerwerk veranstalten will. Auch hier haben wir, wie du feststellen wirst, Nicht-Ausschließbarkeit und Nicht-Rivalität, ergo ein öffentliches Gut. Manche Bürger werden sagen: das kann mir gestohlen bleiben, dafür soll kein Geld aus dem kommunalen Haushalt ausgegeben werden. Andere sind wieder große Fans von farbenprächtigen Explosionen am Nachthimmel. Wenn wir feststellen könnten, wie hoch die Zahlungsbereitschaft der Bürger insgesamt für so ein Feuerwerk wirklich wäre, dann hätten wir wenigstens einen Anhaltspunkt für ein geeignetes Budget. Aber das Problem ist: wir können nicht einfach eine Umfrage machen. Die Feuerwerk-Fans würden ihren Spaß mächtig übertreiben, weil sie ja wissen, dass nicht sie zur Kasse gebeten werden, sondern der anonyme Steuerzahler. Und die Feuerwerks-Muffel würden ihren vielleicht doch vorhandenen kleinen Spaß verschweigen, weil sie das Feuerwerk zu teuer finden und lieber andere Sachen machen würden, vielleicht einen Kinderspielplatz renovieren oder so. Es gäbe Anreize, auf die Frage nach der Zahlungsbereitschaft zu lügen. Und zwar ungestraft! Daher können wir den Gesamtnutzen von öffentlichen Gütern meist nur schwer bestimmen. Der muss aber bekannt sein, oder zumindest abgeschätzt werden – sonst kann man nichts entscheiden, auch wenn die Kosten bekannt sind. Es gibt eine ganze Menge von Leuten, die ihr Geld damit verdienen, clevere Auswege aus diesem Dilemma zu finden und intelligente Schätzungen der Zahlungsbereitschaften zu machen. Ein Umweg könnte zum Beispiel sein, die Bürger nicht nach ihrer Zahlungsbereitschaft zu fragen, sondern vielleicht danach, ob sie schon einmal eigens für ein Feuerwerk irgendwohin gefahren sind. Aus den Antworten auf diese Frage könnte man dann wertvolle Informationen für das eigentliche Problem gewinnen. Denn wer weit fährt, vielleicht sogar eine Übernachtung im Hotel in Kauf nimmt, der ist wirklich ein Feuerwerks-Fan."

„Das erinnert mich ein bisschen an unser Gespräch über *enthüllte Präferenzen* – Worte sind Schall und Rauch, was zählt ist die Tat![5]", wirft Meinhard ein.

Johanna gibt ihm recht:

„Genau das ist der Ausgangspunkt für eine gute Kosten-Nutzen-Analyse. Übrigens enthüllen Politiker in Entscheidungen über Budgets auch häufig genug ihre Präferenzen! Kosten-Nutzen-Analysen sind ja eher die Ausnahme im Vorfeld einer Budget-Entscheidung – obwohl sie manchmal gesetzlich vorgeschrieben sind. Daher gibt es genug Spielraum und es lohnt sich schon der Blick auf die Taten im Haushalt und der Vergleich mit den Worten im Wahlkampf. Aber lass uns nun zu unserem *dritten* Problem mit den öffentlichen Gütern kommen: ihre Finanzierung."

„Das ist nur das dritte Problem in der chronologischen Reihenfolge: richtige Identifizierung, richtiges Niveau, Finanzierung. Für mich ist das aber das größte und damit das eigentliche Problem!", stellt Meinhard klar.

---

[5] Vgl. 2. Abend!

„Zugegeben, ein großes Problem ist es schon! Ursache für das Finanzierungsproblem ist, dass es ein Dilemma gibt: Zwar haben alle Staatsbürger ein Interesse an einem funktionierenden Rechtssystem – aber sie haben kein Interesse, ihren Beitrag von sagen wir etwa 100 Euro dafür zu entrichten. Das kollektive Interesse steht hier im Gegensatz zum individuellen Interesse. Vielleicht zeichne ich dir am besten mal auf, was ich meine. Wenn der Finanzminister mit seinem Hut bei dir vorbeikommt und sagt „Ich bitte um eine freiwillige Spende von 100 Euro für unser Rechtssystem, das ist Ihr Beitrag!", dann haben wir in etwa folgende Situation: Es gibt dich und alle anderen Gesellschaftsmitglieder. Du und alle anderen haben zwei Möglichkeiten: Beitragen oder Nicht-Beitragen. Je nachdem, wofür du und alle anderen sich entscheiden, haben wir vier verschiedene Ergebnisse für das Rechtssystem. Es kommt etwa ein gutes, 100prozentiges Rechtssystem raus, wenn du und alle anderen ihren Beitrag leisten, also Feld I oben links."

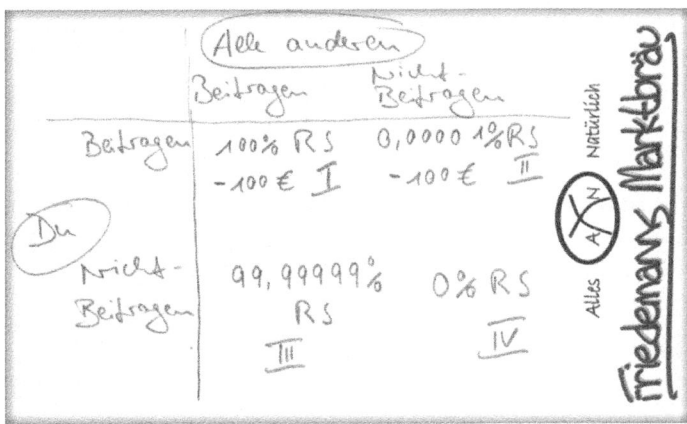

„Ich muss mich auf dieser Basis entscheiden, was ich tun will", stellt Meinhard fest.

„Deswegen heißt so etwas auch eine *Entscheidungs-Matrix*. Und vor ihr sitzend überlegst du nun folgendes: Was für mich und alle anderen herauskommt, das hängt auch von der Entscheidung der anderen ab. Ich schaue also zuerst mal, was *für mich* am besten ist, *wenn alle anderen beitragen*. Dann brauche ich nur die erste Spalte zu betrachten. Ich wähle die für mich beste Alternative in diesem Fall. Das ist die Option *Nicht-Beitragen*. In diesem Fall hast du persönlich dann ein nahezu perfektes Rechtssystem, vielleicht wird ein Gerichtssaal drei Tage nicht gereinigt, und 100 Euro mehr als beim vollständig perfekten Rechtssystem, wenn du auch deinen Beitrag leistest. Nun schaust du in Spalte zwei, in der die Ergebnisse für den Fall stehen, dass alle anderen nicht beitragen. Hier hast du die Wahl zwischen einem Rechtssystem, das für die gesamte Bevölkerung eine sehr nutzlose Serviceleistung eines Richters für eine Stunde pro Jahr vorsieht, die du bezahlst, und gar keinem Rechtssystem. Auch hier wirst du dich vernünftigerweise für *Nicht-Beitragen* entscheiden. Natürlich sieht die Entscheidungsmatrix für jeden einzelnen Bürger so aus und natürlich käme bei jedem einzelnen Bürger das gleiche raus: *Nicht-Beitragen* ist für jeden einzelnen die vernünftige Option – wir landen als Gesellschaft im Feld IV, also bei null Prozent Rechtssystem, unten rechts. Aber für alle zusammen wäre sicher Feld Nummer I oben links das Beste, ein 100-prozentiges Rechtssystem. Das nennt man daher ein *soziales Dilemma*[6]!"

„Es wäre schön, wenn ich alle anderen zwingen könnte, ihren Beitrag zu leisten. Dann könnten wir aus dem Dilemma raus! Willst du mich nicht wieder zum guten König machen, der die Wohlfahrt maximiert?", schlägt Meinhard vor.

„Wenn du so willst, ist die Einrichtung eines Steuersystems so etwas wie eine Methode, mit der jeder Bürger alle anderen Bürger zwingen kann, sich an der Bereitstellung von großen öffentlichen Gütern wie dem Rechtssystem zu beteiligen – und damit das soziale Dilemma aufzulösen. Der Staat wird von seinen Bürgern ermächtigt, jeden einzelnen dazu zu zwingen, Beiträge zu leisten. Das ist das Prinzip – natürlich kann man lange darüber streiten, ob es nicht unfair verteilte Möglichkeiten gibt, sich diesem Zwang zu entziehen. Man kann zum Beispiel das Steuersystem an bestimmten Stellen ganz kompliziert und intransparent machen, um es dadurch verdeckt einigen einflussreichen Bürgern zu erleichtern, sich der Beteiligung an den gemeinschaftlichen Ausgaben zu entziehen."

„Friedemann, da bin allerdings sicher, wird aber einen Weg finden, uns alle zur Beteiligung an der neuen Gastraum-Beschallung heranzuziehen! Hast du bemerkt, dass er eine neue Preisliste hat?"

„Hab ich! Allerdings scheint er auch daran interessiert, verstärkt öffentliche Güter für den Gastraum bereit stellen zu wollen – an der Tür hängt ein Plakat, das ein Konzert des Jay Schreiber-Trios mit Bar-Jazz ankündigt. Veranstaltungsort: *Maximahl*!"

---

[6] Ein Dilemma entsteht hier zwischen dem, was für das Individuum vernünftig ist, und dem, was für die Gemeinschaft, die das Individuum ja einschließt, vernünftig ist.

Der 14. Abend: Das Bierchen b_M

Meinhard hat kein ausgeprägtes Interesse an einer Mikrowelle

Meinhard berichtet von einem Problem aus seiner Wohngemeinschaft: Es soll eine Mikrowelle für die Küche angeschafft werden, die 100 Euro kostet. Aber bei der Diskussion darüber am Vorabend haben sich zwei Probleme herauskristallisiert: Die vier WG-Mitglieder haben erstens unterschiedlich starkes Interesse an dem Küchengerät. Meinhard zum Beispiel wärmt sich höchstens hin und wieder einmal etwas auf, während die anderen drei wahre Instant-Food-Junkies sind. Und zweitens gibt es auch größere Unterschiede bei den Zahlungsfähigkeiten in der WG: zwei der anderen WG-Mitglieder bereiten sich gerade auf Abschlussprüfungen vor, gehen daher kaum jobben und müssen von Ersparnissen leben.

„Und was kam dann letztlich raus? Geht es ohne Mikrowelle weiter oder habt ihr euch für etwas entscheiden können?", möchte Johanna wissen.

„Na ja, es ging schon hoch her gestern Abend! Aber letztlich will man ja nicht, dass der Haussegen schief hängt. Daher haben wir uns darauf geeinigt, dass alle 25 Euro dazu geben – auch wenn ich ganz gut ohne das Ding zurecht gekommen wäre."

Johanna nickt.

„In so einem kleinen Rahmen wie eurer WG klappt das mit der Kopfsteuer also offensichtlich ganz gut: Alle zahlen für die Finanzierung des öffentlichen Gutes Mikrowelle denselben Betrag. Auf einer etwas höheren gesellschaftlichen Ebene scheitert dagegen der Vorschlag, dass alle Bürger den gleichen Betrag an die Staatskasse zur Finanzierung der öffentlichen Güter abführen, aus einem nahe liegenden Grund: Die *Kopfsteuer* gilt bei vielen Leuten als ungerecht. Du hast ja auch Bedenken angedeutet und ihr nur des lieben Friedens willen zugestimmt."

„Klar finde ich die 25 Euro für mich zu hoch!", empört sich Meinhard. „Zum Glück komme ich mit dem Lohn aus meinem Job gerade gut klar und muss nicht so sehr auf mein Budget achten, wie die zwei Kandidaten im Prüfungsstress. Wenn ich einer von denen gewesen wäre, und im Augenblick jeden Euro zweimal umdrehen müsste, dann hätte ich der gleichen Aufteilung des Kaufpreises aber sicher nicht zugestimmt."

„Dann wäre bei dir nämlich nicht nur das *Äquivalenzprinzip* verletzt worden, sondern obendrein auch noch das *Leistungsfähigkeitsprinzip*! Das sind die beiden Begründungen dafür, beim Auffüllen des Gemeinschaftsbudgets *nicht* mit der Kopfsteuer zu arbeiten. Du kannst einmal sagen: Ich habe weniger von der Mikrowelle, mir bedeutet sie nicht so viel, daher will ich auch nur weniger dafür bezahlen. Damit würdest du dich auf das *Äquivalenzprinzip* stützen – deine Zahlung und dein Nutzen sollten halbwegs äquivalent sein. Oder du kannst sagen: Ich kann einen größeren Teil der Gemeinschaftsausgabe schultern, weil ich dazu eher in der Lage bin, als meine WG-Kumpels in der Prüfungsphase. Damit würdest du dich auf das *Leistungsfähigkeitsprinzip* beziehen."

„Gerecht ist ein höherer Beitrag also dann, wenn ich auch mehr von der angeschafften Sache habe oder dann, wenn es mir leichter fällt als anderen, für den Beitrag aufzukommen", erkundigt sich Meinhard, um sicher zu stellen, dass er den Ausführungen gefolgt war.

„So in etwa", bestätigt ihn Johanna. „Allerdings gibt es ein paar Probleme. Nimm das *Äquivalenzprinzip*. Das sagt ja, dass eine gerechte Besteuerung auch den Nutzen des öffentlichen Gutes für den einzelnen Bürger in Betracht ziehen muss. Allerdings ist bei öffentlichen Gütern meist nur schwer herauszufinden, wer davon mehr hat und wer weniger. Deine WG-Kumpel können ja nicht sehen, ob du wirklich nur alle vier Tage das Teewasser mit der Mikrowelle warm machst, oder ob du sie öfter benutzt. Daher könntest du deinen Vorteil klein reden, wenn es um die Finanzierung der Mikrowelle geht."

„Anhaltspunkte gibt es aber doch schon! Die anderen wissen doch, dass ich wesentlich mehr Wert auf frisch zubereitetes Essen und Salate lege als sie und daher nicht so sehr an einer Mikrowelle interessiert bin."

„Klar gibt es Anhaltspunkte. Es klingt zum Beispiel auch plausibel, dass Besitzende ein größeres Interesse am Schutz des Eigentums durch das Rechtssystem haben als Leute mit keinem oder nur kleinem Vermögen. Daraus kann man dann auf der Basis des Äquivalenzprinzips ableiten, dass Reiche einen größeren Beitrag zur Finanzierung des Rechtssystems leisten müssen als Arme. Aber das Problem ist die genaue Quantifizierung: Um wie viel größer ist denn das Interesse, und um wie viel höher sollte der Beitrag denn sein? Bei öffentlichen Gütern ist das halt recht schwer zu beurteilen!", relativiert Johanna.

„Und wie steht es mit dem Leistungsfähigkeitsprinzip? Die Leistungsfähigkeit ist doch einfacher zu bestimmen als die Verteilung des Nutzens eines öffentlichen Gutes: Ich gucke nur nach, welche Einkommen und welches Vermögen jemand hat. Dann habe ich bereits eine ganz gute Messziffer für die Leistungsfähigkeit."

„Ganz so einfach ist das auch hier leider nicht. Erstens gibt es einen grundsätzlichen Einwand. Warum sollte es gerecht sein, ungleich hohe Beiträge für den gleichen Vorteil zu verlangen? Gerechtigkeit und Fairness stellen doch ganz wesentlich auf gleiche

Behandlung ab! Dann wäre ein ungleich hoher Beitrag nur mit ungleich hohem Vorteil zu begründen – also nur mit dem Äquivalenzprinzip. Solange größere Leistungsfähigkeit *ausschließlich* durch größere Anstrengung und größeren Fleiß erreicht worden ist, gibt es vermutlich auch wenig einzuwenden gegen eine betragsmäßig gleich hohe Beteiligung an einem Gemeinschaftsgut. Allerdings spielt es für die Einkommens- und Vermögensunterschiede eben auch eine gewaltige Rolle, wie die genetische Lotterie vor der Geburt und Glück und Unglück nach der Geburt jemanden begünstigen. Daher gibt es gute Gründe für Umverteilung durch ungleiche Besteuerung. Aber dann haben wir das zweite Problem: Wie stark sollte die ungleiche Behandlung unterschiedlich leistungsfähiger Bürger dann sein? Soll jemand mit einem doppelt so hohen Einkommen doppelt so viel Steuern zahlen? Oder dreimal so viel?"

„Nach meinen Erfahrungen von gestern Abend, wo es um ein recht übersichtliches Finanzierungsproblem ging, kann ich mir vorstellen, dass das eine verteufelt schwierige Frage ist!", vermutet Meinhard.

„Die man aber irgendwie klären muss, wenn man sich auf ein Steuersystem einigen will. Zu allem Überfluss kommt dann aber auch noch ein weiteres Problem dazu: Wenn das Steuersystem fairer wird, dann wird es zwangsläufig auch komplexer und verursacht damit höhere Kosten als ein einfaches Steuersystem. Eine Kopfsteuer ist relativ leicht und daher mit geringen Verwaltungskosten einzutreiben. Aber wenn du individuelle Unterschiede bei den Staatsbürgern feststellen willst, was ihre Vorteile aus den öffentlichen Gütern und ihre Leistungsfähigkeit angeht, dann brauchst du ganz schnell einen Riesen-Apparat, der eine ganze Menge Ressourcen verschlingt. Die vielen Regeln, die dann nötig werden, sorgen außerdem für Verluste an Transparenz und damit für die Möglichkeit gut versteckter Ungerechtigkeiten. Und obendrein werden die Anreize der Bürger verändert und das Resultat sind Wohlfahrtsverluste. Die müssen dann neben den Kosten für die Steuereintreibung auch zu den Kosten des Steuersystems gezählt werden."

„Das musst du mir jetzt aber erklären!", fordert Meinhard. „Warum sollen Steuern denn Wohlfahrtsverluste verursachen? Hattest du mir nicht kürzlich erklärt, dass Steuern bei negativen Externen Effekten sogar die Wohlfahrt steigern?[1]"

„Ganz recht: Bei negativen externen Effekten sind Steuern ein Mittel, Wohlfahrtsverluste zu vermeiden. Aber wenn du etwas anderes besteuerst als negative externe Effekte, zum Beispiel das Einkommen oder den Verbrauch eines Gutes, das *keine* externen Effekte mit sich bringt, dann gilt das Gegenteil: Steuern vermindern die Wohlfahrt. Es ist gar nicht schwer, das zu verstehen!"

„Ich bin ganz Ohr!"

„Nimm die Biersteuer!", schlägt Johanna vor. „Wenn der Staat die Biertrinker in besonderem Maß zur Finanzierung der öffentlichen Güter heranzieht und eine Biersteu-

---

[1] Vgl. 12. Abend

er erhebt, dann schiebt sich diese Steuer, wie wir gesehen haben[2], als ein Keil zwischen die Nachfrage und das Angebot. Guck dir das am besten auf dieser Zeichnung an."

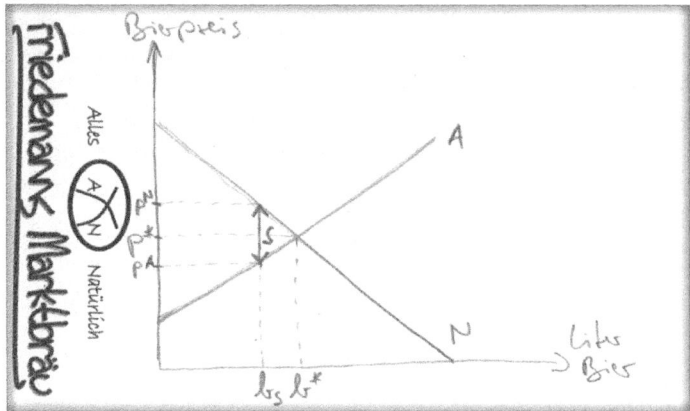

„Klar, alles bekannt: Die Steuer in Höhe von s verschiebt Angebots- oder Nachfragekurve, je nachdem, wer die Steuer zahlen muss, also die Zahllast hat. Das führt zu einem neuen Gleichgewicht, das von der Höhe der Steuer abhängt, aber nicht von der Zuordnung der Zahllast. Der Preis p^N, den die Nachfrager zahlen, ist höher als der ehemalige Gleichgewichtspreis p^*, der Preis p^A, den die Anbieter erhalten, ist niedriger. Und das Marktvolumen schrumpft von der Gleichgewichtsmenge b^* auf die Menge b_s", kommentiert Meinhard die Grafik und nutzt damit die Gelegenheit, Johanna zu zeigen, dass ihre Bemühungen vom 10. Abend nicht vergebens waren.

Sie ist auch zufrieden:

„OK! So, und nun schauen wir uns mal das Bierchen b_M, das Meinhard vor der Steuer noch getrunken hat und nun nicht mehr trinkt, etwas genauer an! Hier ist es auf der Mengen-Achse des Markt-Diagramms, genau zwischen b_s und b^*:"

---

2   Vgl. 10. Abend

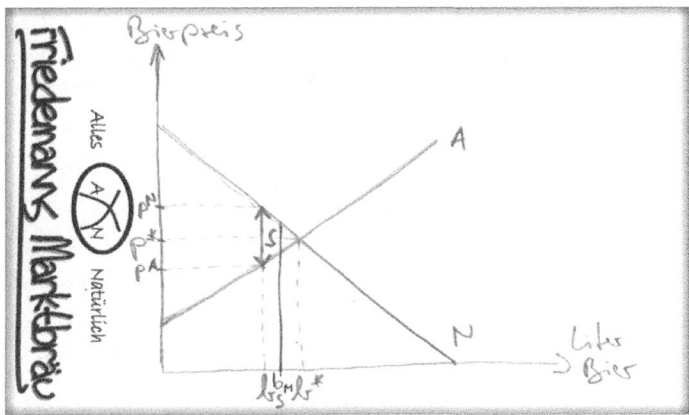

„Vor der Steuer hast du dieses Bierchen also getrunken. Es hat dir einen an der Nachfragekurve ablesbaren Spaß in Höhe deiner MZB für dieses Bierchen gemacht, das Bier zu trinken. Und es hat Friedemann Kosten verursacht, die an der Angebotskurve ablesbar sind. Wenn wir einen näheren Blick darauf werfen, dann sehen wir dies hier:"

Johanna fertigt eine Skizze mit einem Detail-Ausschnitt der Grafik an, der nur das Bierchen b_M enthält.

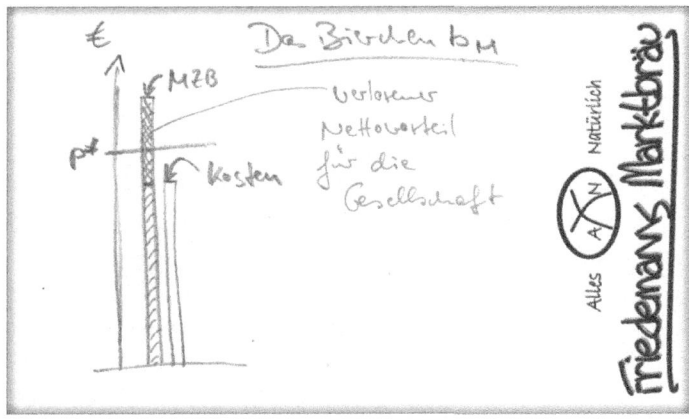

„Aus deinem Konsum des Bierchens b_M resultierte ein Netto-Vorteil für die Gesellschaft in Höhe der Differenz zwischen deiner Maximalen Zahlungsbereitschaft und der Kosten. Ich habe diesen Nettovorteil hier stark schraffiert. Er wurde durch den Preis p^* in deine Konsumentenrente und in Friedemanns Produzentenrente zerlegt. Nun macht die Biersteuer t den Konsum dieses Bierchens b_M unrentabel, denn der Steuersatz ist größer als die Differenz von MZB und Kosten. Wenn Friedemann beispielsweise die Steuer abführen muss, dann steigen seine Kosten, inklusive Steuer, über deine MZB – und der Tausch zwischen euch kommt nicht mehr zustande. Das heißt: Aus dem Nettovorteil wird ein verlorener Nettovorteil. Und nun pass auf: Was für Bierchen b_M gilt, gilt für *alle* Bierchen zwischen b_t und b^*!"

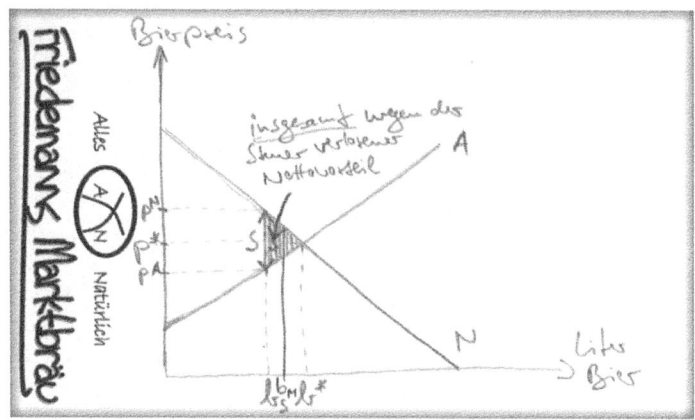

„Guck, hier ist das Resultat zu sehen: Ein insgesamt durch die Steuer verursachter Nettonachteil gegenüber der Marktlösung in Höhe des schraffierten Dreiecks. Dieses Dreieck misst die in Euro gerechnete Wohlfahrt, die der Gesellschaft verloren geht, weil der Biermarkt infolge der Biersteuer schrumpft und daher eigentlich höchst begrüßenswerte Tauschgeschäfte wie das zwischen dir und Friedemann nicht mehr zustande kommen."

„Etwas, das ich eigentlich haben könnte, aber wegen misslicher Umstände nicht habe, muss ich als Verlust bzw. Nachteil werten, der durch die misslichen Umstände verursacht wird!"

„So kann man das sicher sagen", bekräftigt Johanna. „Und wenn du das Ganze jetzt auf die Lohnsteuer überträgst, dann kommt folgendes dabei heraus: Die Lohnsteuer schiebt sich wie ein Keil zwischen die Zahlungsbereitschaft der Unternehmen für die Arbeit und die Mindestforderung der Arbeitenden fürs Arbeiten. Einige Stunden, die ohne Lohnsteuer gegen Lohn gearbeitet worden wären, werden nun nicht mehr gearbeitet, weil die um die Lohnsteuer erhöhte Mindestforderung der Arbeitenden nun die Zahlungsbereitschaft der Unternehmen übersteigt. In diesen Stunden wäre etwas erarbeitet worden, das es nun, nach der Steuer, nicht mehr gibt und das der Gesellschaft daher nicht mehr zur Verfügung steht. Auch das sind natürlich Kosten von Steuern."

„Verluste für die Gesellschaft, die dadurch entstehen, dass die Gesellschaft öffentliche Güter irgendwie finanzieren muss, dafür Steuern erheben muss und dabei nicht die

Kopfsteuer verwendet, weil die ungerecht ist. Wohlfahrtsverluste als Folge des Versuchs, Gerechtigkeit walten zu lassen?", erkundigt sich Meinhard.

„Jedenfalls gäbe es bei der Kopfsteuer kein Schrumpfen der Besteuerungsgrundlage – und damit keine Wohlfahrtseinbußen! Es gibt doch nur zwei Möglichkeiten, die Kopfsteuer zu vermeiden. Die erste Möglichkeit, sich der Kopfsteuer zu entziehen, bestünde darin auszuwandern. Wenn im Ausland aber ebenfalls eine Kopfsteuer erhoben wird, dann bleibt nur die ganz unattraktive zweite Möglichkeit übrig!"

„Darf ich mal kurz zusammenfassen?", möchte Meinhard wissen, wartet aber keine Erlaubnis ab:

„Wenn ich Steuern erhebe, dann habe ich Kosten für die Steuereintreibung, die umso größer sind, je komplizierter das Steuersystem ist. Obendrein habe ich noch weitere Kosten, weil die Steuern sinnvolle Transaktionen unrentabel machen können – und die fallen dann wegen der Steuer aus. Es gibt mit der Kopfsteuer eine Alternative dazu, die ist aber unfair. Also muss ich wenigstens darauf bedacht sein, dass ich nicht unnötige Kosten verursache. Ich muss das Steuersystem so einfach und transparent wie möglich mache. Und ich muss darauf achten, dass nicht zu viele Märkte zu stark schrumpfen."

„Viel Spaß dabei!", wünscht Johanna. „Schließlich wirst du bei diesen Versuchen auf starke Interessen stoßen, alles so zu lassen, wie es ist. Im Dunkeln ist gut munkeln – die Nutznießer der Unübersichtlichkeit werden sich heftig sträuben! Es ist schon beinahe ein wenig tragisch: Du machst etwas kompliziert, damit es fairer wird, und dann blickt wegen der Intransparenz niemand mehr durch, wie unfair das Ganze geworden ist."

„Lassen wir uns aber wenigstens nicht durch die Biersteuer eine weitere sinnvolle Transaktion vereiteln!", sagt Meinhard und hebt den Arm in Richtung Tresen.

Der 15. Abend: Ein Streik und sein Nutznießer

Der gute König macht einen Haken mehr

Meinhard kommt in ein völlig überfülltes *Maximahl*. Es herrscht drängende Enge, aus dem gewohnten leichten Grundsummen der Gespräche in der Kneipe ist ein Lärm geworden, gegen den selbst Friedemanns neue Musikanlage Schwierigkeiten hat anzukommen. Johanna hat Meinhard mit viel Mühe und ebenso viel Charme noch einen Platz neben sich freihalten können – diesmal allerdings an der Theke, denn die Tische sind alle besetzt. Es gelingt ihr sogar, ihn auf sich aufmerksam zu machen und herbeizuwinken.

„Dankeschön fürs Freihalten! Was ist denn hier los?", wundert er sich.

„Hast du nichts von dem Streik bei der Hopfenbräu AG gehört? Die hat die meisten Kneipen bei uns fest im Bierlieferungsvertrag-Knebel. Und denen gehen inzwischen die Vorräte aus. Glück für Friedemann, über den heute ein Artikel in der Lokalzeitung zu lesen war. Tenor: Der einzige Gastwirt, der noch Bier ausschenkt. Nun darf Friedemann sich über ein Monopol freuen, das aber vermutlich zeitlich befristet sein wird. Die Gewerkschaft und die Hopfenbräu AG stehen angeblich kurz vor einem neuen Haustarifvertrag."

Meinhard schaut sich um. Überwiegend neue Gesichter, die Stammgäste gehen in der Menge ziemlich unter. Er hat es nicht gerne, wenn eine Kneipe so proppenvoll ist und das ist ihm auch anzusehen. Er mosert gleich los:

„Friedemann schenkt nur kleine Biere aus! Dabei hat er beim letzten Mal ein Riesen-Gedöns gemacht, als ich eines bestellen wollte. Und mit der Bestellung werde ich heute größere Schwierigkeiten haben. Das wird bestimmt dauern, bis ich was zu trinken habe!"

Johanna versucht, ihn ein wenig zu beschwichtigen.

„Keine Bange, ich habe schon für dich mitbestellt. Aber wir werden halt ein bisschen warten müssen. Mindere Qualität des Angebots und Angebotsverknappung. Klassische Kennzeichen eines Monopols. Dabei macht der Monopolist aber nichts anderes als das Unternehmen im Wettbewerb – er müht sich um größtmöglichen Gewinn. Wir dürfen ihm daher keinen schlechteren Charakter als dem Unternehmen im Wettbewerb unterstellen. Es ist für den Konsumenten halt einfach nur die Krux mit der Marktform: Ein einziges Unternehmen als Alleinanbieter, keine ähnlichen Produkte, die ersatzweise herhalten könnten, und große Hürden für weitere Anbieter – das sind die Zutaten, mit denen man ein Monopol backt."

„Klar, ein Alleinanbieter wäre kein Problem für den Konsumenten, wenn es noch Ausweichmöglichkeiten für ihn gäbe, bei denen er vielleicht nicht das gleiche Produkt bekäme, aber halt ein sehr ähnliches. Hier käme aber nur das Kiosk um die Ecke in Frage, das Flaschenbiere anderer Brauereien anbietet."

„Das würde man ein *nahes Substitut* nennen. Leider gehört das Kiosk um die Ecke für mich nicht zu den wirklich nahen Substituten. Ich würde dich schon bitten, für heute einmal mit dem Gedrängel vorlieb zu nehmen! Immerhin verhält sich Friedemann nicht wie der Monopolist aus dem Lehrbuch und erhöht seinen Preis!"

„Dann hätte er mich aber auch zum letzten Mal zum Gast gehabt!", entrüstet sich Meinhard über einen nicht-existierenden Anlass.

„Ich vermute, dass das einer der Gründe für ihn ist, den Preis nicht zu erhöhen! Schließlich dürfte er wissen, dass seine Marktmacht nicht von Dauer ist", spekuliert Johanna. „Aber dann darfst du dich konsequenterweise auch nicht über das volle Haus beschweren. Wenn der Preis als Auswahlmechanismus ausscheidet, dann bleibt halt häufig nur das Vorliebnehmen mit Schlange-Stehen, Warten und Drängelei. Kleine Analyse gefällig, wie Friedemann als Monopolist vorgehen sollte? Wir sind doch schließlich nicht zum Spaß hier!"

„Also gut, leg los! Dann vertreiben wir uns die Wartezeit für unser Bier wenigstens sinnvoll!"

„Wenn du dich erinnerst, ging es, als wir über Friedemann, den Anbieter auf dem Wettbewerbsmarkt, gesprochen haben[1], um folgendes: Friedemann hatte, als einer unter vielen Bieranbietern, einen Preis für das Bier zu berücksichtigen, an dem er nicht viel ändern konnte. Er kann, wenn er Konkurrenz hat, nicht einen deutlich höheren Preis nehmen, sondern muss mehr oder weniger mit dem Marktpreis vorlieb nehmen. Zu diesem Marktpreis setzt er als Bieranbieter im Wettbewerb so viel ab, bis der zuletzt produzierte Hektoliter so viel *zusätzliche* Kosten verursacht, dass der *zusätzliche* Erlös nicht mehr ausreicht, diese zu decken.

Nun ist die Lage Friedemanns eine andere – wenigstens solange der Streik noch dauert. Es gibt keine Konkurrenten mehr, zu denen seine Kunden gehen können, weil sie dort einen niedrigeren Preis bezahlen müssen. Es gibt nämlich wegen des Streiks bei der Hopfenbräu AG vorläufig gar keine Konkurrenten mehr, Friedemanns Wirt-Kollegen stehen augenblicklich ohne Gerstensaft da."

---

[1] Vgl. 8. Abend!

„Und ihre Kundschaft nimmt uns heute Abend unsere Sitzplätze weg!", hat Meinhard es schwer mit dem Lockerwerden.

Johann lässt sich nicht beirren und ignoriert Meinhards Querulantentum.

„Das Resultat ist für Friedemann jetzt, dass er beim Preis nicht mehr festgelegt ist. Er kann sich seinen Preis frei raussuchen, ohne dass ihm Konkurrenz die Nachfrager abspenstig macht. Das einzige, was Nachfragern jetzt noch übrig bleibt, wenn sie den Preis für das Bier zu hoch finden, ist: Zum Kiosk gehen und auf dem Bürgersteig ihr Flaschenbier trinken. Also zu wenig nahen Substituten zu wechseln. Er wird bei Preiserhöhungen nicht mehr auf einen Schlag alle Nachfrager los, sondern nur sukzessive die, deren Bierspaß in Euro unter seinen neuen Preis gefallen ist."

„Mit anderen Worten: Wenn er den Preis erhöht, dann bekommt er zwar mehr Euro pro Bier, kann aber nur noch weniger Biere verkaufen", hat Meinhard trotz schlechter Laune gut aufgepasst. Die Laune bessert sich aber anscheinend.

„Das genau muss er als Monopolist nun berücksichtigen: durch eine Preiserhöhung steigert er zwar seinen Umsatz, wenn die nachgefragte Menge konstant bleibt – das tut sie aber nicht, sondern sie sinkt. Eine Preiserhöhung hat daher auf den Umsatz zwei Effekte: einen den Umsatz steigernden *Preis-Effekt* und einen den Umsatz senkenden *Mengen-Effekt*. Ob der Umsatz rauf geht oder runter, hängt jetzt davon ab, ob der Preiseffekt stärker ist oder halt der Mengeneffekt."

„Aber ich dachte, wir wollen weiterhin annehmen, dass Friedemann seinen Profit maximiert – und nicht seinen Umsatz!", wendet Meinhard ein.

„Das ist schon richtig! Ich bin nur dabei, dir den Unterschied zwischen Friedemann, dem Wettbewerber, und Friedemann, dem Monopolisten, zu verdeutlichen. Friedemann, der Wettbewerber, hätte eine einfach Methode, seinen Umsatz zu maximieren: Einfach so viel verkaufen, wie seine Brau-Kapazität hergibt. Friedemann, der Monopolist, ist gut beraten, es anders zu machen und Preis- und Mengeneffekt zu berücksichtigen. Der Umsatz ist nicht nur für die Umsatz-Maximierer bedeutsam, sondern auch für die Profit-Maximierer. Denn der Profit ist ja nichts anderes als die Differenz aus Umsatz und Kosten."

„Allerdings ist die Berechnung des Umsatzes für Friedemann, den Wettbewerber wesentlich einfacher als für Friedemann, den Monopolisten!"

Meinhard ist inzwischen offenbar aufmerksam beim Thema und nicht mehr von den widrigen Umständen abgelenkt.

„Wenn Friedemann, der Wettbewerber ein Bier mehr verkauft, dann erhöht sich sein Umsatz um den Preis, den er dafür erhält. Wenn Friedemann, der Monopolist ein Bier mehr verkaufen will, dann muss er den Preis für *alle* Biere, die er verkaufen will, senken. Daher erhöht sich sein Umsatz *nicht* um den Preis, den er für dieses zusätzliche Bier erhält."

„Ganz gut beobachtet! Und dieser kleine Unterschied führt dazu, dass wir Friedemann, dem Monopolisten, etwas mehr Aufmerksamkeit schenken müssen, wenn wir verstehen wollen, wie er seinen Profit maximiert!" Johanna holt sich frech einen Rechnungsblock hinter der Theke.

„So! Selbst ist die Frau! Heute warte ich lieber nicht, bis uns der Kellner einen Rechnungsblock bringt! Ach herrje, das ist wirklich nicht einfach, bei der Enge heute! Wir nehmen ein einfaches Zahlenbeispiel, die Zahlen sind erfunden und nicht besonders plausibel, aber es geht ja nicht um konkrete Werte, sondern um das Lösungs-Prinzip. Schau in unsere Tabelle, ich habe die Angelegenheit stark vereinfacht. Die Nachfrager-Gruppe ist im Gegensatz zu der, die wir heute Abend beobachten dürfen, sehr übersichtlich und besteht nur aus vier Personen. Friedemann ist also nicht nur Kleinbrauer, sondern Kleinstbrauer! Er kennt seine Pappenheimer und weiß über deren MZB bestens Bescheid.[2] Wir brauchen für das Entscheidungsproblem auch noch Friedemanns Kosten. Wir nehmen an, er hat keine fixen Kosten und die Gesamtkosten sehen so aus, wie in der zweiten Spalte unserer Tabelle hier. In die dritte Spalte schreiben wir gleich die Grenzkosten hinein, die sich ja leicht als die Änderung der Gesamtkosten durch die Ausdehnung der Produktion um ein weiteres Bier bestimmen lassen. Die Friedemann bekannte MZB unserer vier Nachfrager tragen wir in die vierte Spalte ein."

Johanna hat den Rechnungsblock mit einer kleinen Tabelle versehen.

	Glas Bier	Gesamt Kosten	Grenz Kosten	MZB
	1	1	1	6
	2	3	2	5
	3	6	3	4
	4	10	4	3

Friedemanns Marktbräu — Alles A N Natürlich

Sie fährt fort:

„Friedemann führt nun wieder eine Grenzbetrachtung durch, wie wir sie in ähnlicher Form schon verschiedene Male kennen gelernt haben. Das heißt, er beginnt beim ersten angebotenen Bier und überlegt sich: Was ist der Vorteil aus dem Verkauf dieses Bieres?"

---

[2]   Als Großbrauer mit Monopol hätte er hierfür seine Marktforschungsabteilung!

„Nicht schwer: Seine Einnahmen für dieses Bier!"

„Sehr richtig!", lässt Johanna offen, ob sie den ersten oder den zweiten Teil von Meinhards Einwurf meint.

„Anders formuliert: Seine Erlössteigerung, die durch dieses erste verkaufte Bier verursacht wird. Nochmals anders formuliert: Der *Grenzerlös* des ersten Bieres. Da er, wenn er nur ein Bier verkauft, den Preis auf sechs Euro festsetzen kann, ist seine Erlössteigerung sechs Euro. Was aber ist der Nachteil, der aus dem Angebot des ersten Biers resultiert?"

„Seine Kostensteigerung, die dieses erste Bier verursacht – also die *Grenzkosten* des ersten Bieres! Darf ich spekulieren, wie es weiter geht?", erkundigt sich Meinhard und Johanna ermutigt ihn:

„Nur zu!"

„Also: Die Grenzkosten des ersten Bieres liegen mit einem Euro deutlich unter dem Grenzerlös des ersten Bieres. Daher wird Friedemann mit Freude das erste Bier anbieten, denn sein Profit steigt damit um sechs Euro minus ein Euro, also um insgesamt fünf Euro an. Nun überlegt er weiter: Wie steht es mit dem zweiten Bier? Und wie mit dem dritten? Er vergleicht bei jedem zusätzlich produzierten und angebotenen Bier seinen *Vorteil*, also den *Grenzerlös*, mit seinem *Nachteil*, also den *Grenzkosten*. So kommt Bier zu Bier, bis die Grenzkosten größer werden als der Grenzerlös. Ist das der Fall, wird kein weiteres Bier mehr angeboten!", beschließt Meinhard seine Anwendung der Grenzbetrachtung.

„So weit, so gut! Alles richtig!", lobt Johanna. „Die einzige Hürde, die wir noch nehmen müssen, ist die Bestimmung des Grenzerlöses. Der ist aber einfach als die Änderung des Gesamterlöses zu bestimmen. Wir fügen in unserer Tabelle also zwei Spalten hinzu. Zunächst errechnen wir den *Erlös*, den Friedemann bei unterschiedlichen Mengen und damit notwendigerweise unterschiedlichen Preisen erhält. Aus dem Erlös bestimmen wir den *Grenzerlös* als die Änderung des Erlöses, wenn Friedemann ein weiteres Bier herstellt und verkauft. Voilà, hier haben wir sie!"

Johanna hat die Tabelle ergänzt.

Friedemanns Marktbräu — Alles A N Natürlich

Glas Bier	Gesamt Kosten	Grenz Kosten	MzB	Erlös	Grenz Erlös
1	1	1	6	6	6
2	3	2	5	10	4
3	6	3	4	12	2
4	10	4	3	12	0

Meinrad wirft einen Blick auf das Zahlenwerk.

„Wenn ich mir die Zahlen anschaue, dann wird klar, dass Friedemann in diesem Fall nach dem Vergleich von Grenzerlös und Grenzkosten also Bier Nummer eins herstellt und verkauft. Machen wir einen Haken dran. Beim zweiten Bier liegen die Grenzkosten mit zwei Euro auch noch unter dem Grenzerlös von vier Euro. Wieder Haken dran. Beim dritten Bier klappt das nicht mehr: Hier liegen die Grenzkosten von drei Euro nun *über* dem Grenzerlös von zwei Euro. Das gibt einen Konflikt mit dem Ziel der Gewinnmaximierung. Also wird Friedemann nur zwei Bier anbieten und diese zum Preis von fünf Euro verkaufen. Er hat dann einen Erlös von zehn Euro und Gesamtkosten von drei Euro. Macht einen Gewinn von sieben Euro.“

Hier haben wir Meinhards Haken beim Vergleich von Grenzerlös und Grenzkosten[3]:

---

[3] Meinhard hat hier die Werte des Grenzerlöses mit einem *M* umgeben, damit der Vergleichswert des *M*onopolisten klar wird, wenn er auf seine Grenzkosten sieht. Sein Blitzsymbol bei Bier Nummer drei soll auf einen Konflikt mit dem Profitmaximierungsziel hinweisen.

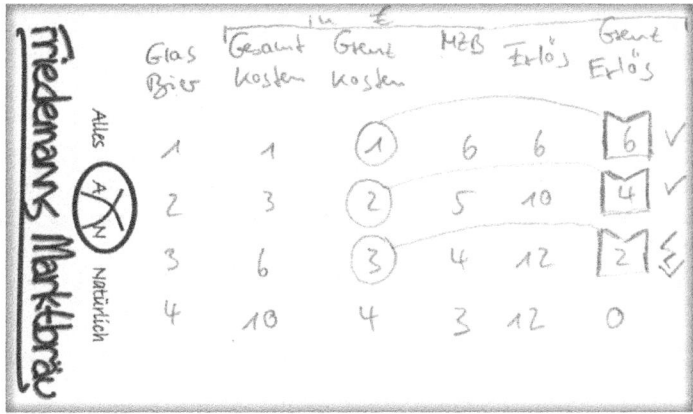

Johanna findet keinen Fehler bei Meinhards Grenzbetrachtung:

„Richtig! Würde Friedemann nämlich noch das dritte Bier anbieten, dann müsste er den Preis auf vier Euro senken. Das würde zwar einen um zwei Euro größeren Gesamtumsatz von zwölf Euro ergeben – allerdings auch um einen noch größeren Betrag, nämlich drei Euro, angestiegene Gesamtkosten von sechs Euro. Und damit betrüge der Gewinn nur noch sechs Euro."

Meinhards zieht ein Fazit:

„Also bleibt Friedemann bei seinem Angebot von zwei Bieren. Schön für ihn!"

„Leider aber nicht für die gesamte kleine Gesellschaft!" relativiert Johanna. „Ich meine damit nicht, dass Friedemann einen hohen Preis erhält und Nachfrager Nummer zwei keinen Netto-Spaß beim Biertrinken hat, weil Friedemann wegen seiner Kenntnis der MZB so viel verlangt, wie er maximal nehmen kann. Ob Friedemann einen Euro in den Vorteil gesetzt wird oder einer seiner Kunden ist ja schließlich für die Gesamtbetrachtung nicht maßgeblich. Aber was für die Gesamtbetrachtung natürlich maßgeblich ist, ist die Summe aus den Vorteils-Euros von Friedemann und seinen vier Kunden. Versetz dich also wieder für einen Augenblick in die Rolle des guten Königs, der top-informiert ist, das heißt alle Herstellungskosten und MZBen kennt. Du willst für alle das Beste und sollst entscheiden, wie viel Glas Bier angeboten und konsumiert werden sollen!"

Die Aussicht auf erneutes Königtum muntert Meinhard nun endgültig auf! Und abermals geht es ans Grenzbetrachten!

„Ich weiß ja mittlerweile[4], dass ich dafür auf die Differenz zwischen MZB und Grenzkosten schauen muss. Solange der Spaß, gemessen mit der MZB, über den Herstellungskosten, gemessen in den Grenzkosten, liegt, solange trägt die Produktion und

---

4   Vgl. Abende 11 und 12!

der Konsum zur Mehrung des Vorteils für die Gesellschaft bei. Im vorliegenden Fall ist diese Bedingung für das *erste Bier* erfüllt, denn hier beträgt der mögliche Nettovorteil sechs Euro minus einen Euro gleich fünf Euro – Haken dran. *Bier zwei* fügt weitere drei Euro möglichen Nettovorteil hinzu, denn das ist das Ergebnis der Differenz von fünf Euro MZB und zwei Euro Grenzkosten. Wieder ein Haken. Auch *Bier drei* trägt zur Wohlfahrtssteigerung bei, denn hier ist ein Nettovorteil von vier Euro minus drei Euro gleich ein Euro möglich. Noch ein Haken. *Bier Nummer vier* herzustellen wäre keine so gute Idee, denn da liegen die zusätzlichen Kosten von vier über dem zusätzlichen Spaß von drei Euro. Wir kommen insgesamt also auf drei Haken und auf einen Gesamt-Netto-Vorteil von neun Euro."

Meinhard hat die Tabelle um drei weitere Haken und einen weiteren Blitz ergänzt.[5]

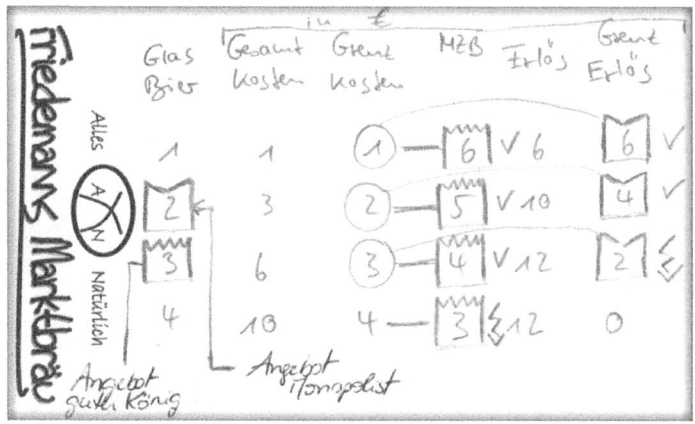

„Gut gerechnet, König Meinhard! Und wie du siehst: Das ist ein Haken mehr als beim Monopolisten! Für alle zusammen besser wäre eine Herstellungs- und Konsummenge von drei Bieren, während Monopolist Friedemann nur zwei Biere anbietet. Das Monopol kostet die gesamte Gesellschaft, bestehend aus den vier Konsumenten und Friedemann, immerhin einen Euro Vorteil. Vielleicht ist das Argument etwas besser verständlich, wenn ich eine Grafik male. Ich verwende die Zahlen aus unserer Tabelle. Hier haben wir die MZBen, die Grenzkosten und den Netto-Vorteil für jedes der vier Biere. Das sind alle Informationen, die ein guter König braucht."

Johanna legt ihr Werk vor:

---

5   Man beachte die Königskrone über den Werten der Maximalen Zahlungsbereitschaft, die für den guten König Meinhard die maßgeblichen Vergleichswerte gegenüber den Grenzkosten-Werten sind.

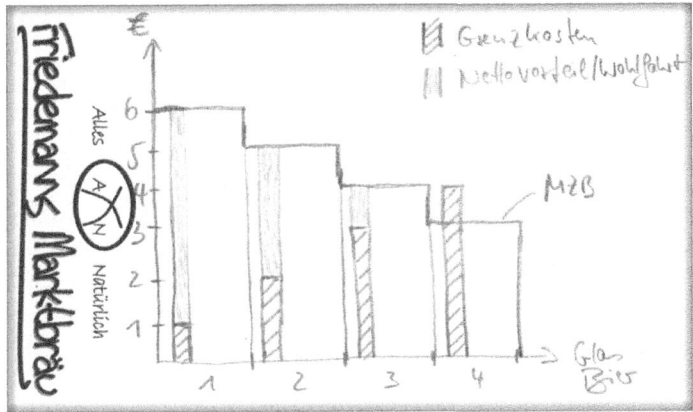

„Man sieht, dass drei Glas Bier hier gesellschaftlich optimal wären", kommentiert Meinhard. „Erst bei Bier Nummer vier gibt es keinen Nettovorteil mehr, weil die Grenzkosten den Bierspaß übersteigen.

Johanna hat sich die Grafik wieder genommen und malt weiter.

„Der Monopolist dagegen benötigt noch die Grenzerlöse für seine Entscheidung. Tragen wir die also als schmale Säulen rechts neben den schmalen Grenzkosten-Säulen und unter der MZB noch ein. Wir sehen dann, dass beim dritten Bier zwar noch ein Netto-Vorteil besteht, der aber nicht mehr verwirklicht werden kann, weil der Monopolist wegen im Vergleich zu den Grenzkosten zu geringen Grenzerlösen dieses Bier nicht mehr produziert und anbietet."

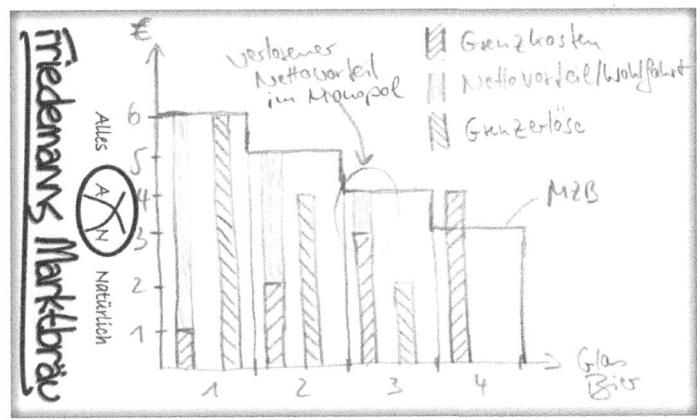

Meinhard erinnert sich an eine ähnliche Situation:

„Der gute König könnte hier also wieder die Lage verbessern! Wie bei den Externen Effekten: Der Markt, auf sich gestellt, verhilft der Gesellschaft nicht zum größtmöglichen Vorteil – weil wir hier keinen Wettbewerbsmarkt haben, sondern einen Monopolmarkt."

Johanna führt dies etwas aus:

„Oder anders ausgedrückt: Wir haben beim Monopolmarkt einen Wohlfahrtsverlust, der daher kommt, dass der Monopolist die Produktionsmenge kleiner ausfallen lässt, als es für alle zusammen angebracht wäre. Er macht das, weil er selbst in diesem Fall einen größeren Vorteil hat, als er ihn hätte, wenn er die gesellschaftlich beste Menge herstellen und verkaufen würde. Den Netto-Spaß der Konsumenten verringert er bei der Reduzierung der Produktionsmenge von der gesellschaftlich besten Menge auf seine profit-maximale Menge um mehr, als ihm selbst an zusätzlichen Profit entsteht."

„Sein eigener Vorteil steigt zwar, aber die Konsumenten haben dadurch einen Nachteil, der noch größer ist? Das ist kein Nullsummen-Spiel!", sagt Meinhard, der kürzlich etwas über Situationen gehört hatte, bei denen der Verlust des einen genauso hoch ist, wie der Gewinn des anderen, und die man daher Nullsummen-Spiele nennt: Die Summe aus Gewinn und Verlust ist Null.

„Das ist auch der Grund, weshalb man etwas gegen das Monopol vorbringen und daher auch wirtschaftspolitisch etwas dagegen unternehmen kann! Die hohen Profite des Monopolisten allein sind jedenfalls kein Grund, denn der Monopolist ist eben auch ein Gesellschaftsmitglied. Und alle Gesellschaftsmitglieder zählen gleich!

Lass uns das Argument vielleicht aber noch einmal für einen Fall aufzeichnen, bei dem viele Produkteinheiten und nicht nur vier auf dem Markt gehandelt werden können. Wenn wir viele Produkteinheiten haben, dann werden aus den Stufen in der Darstellung bei nur vier Produkteinheiten Linien. Sonst bleibt im Prinzip alles beim Alten. Hier haben wir die Nachfragekurve, die Grenzkostenkurve und die Grenzerlöskurve."

Johanna legt ihre Zeichnung vor.

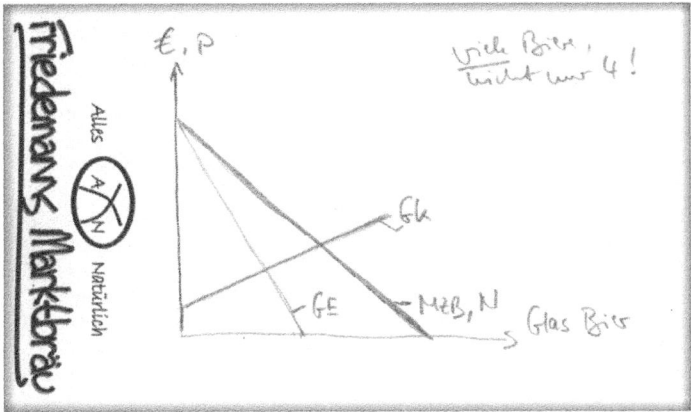

Sie fährt fort:

„Der Monopolist muss darauf achten, dass seine Grenzkosten nicht über die Grenzerlöse steigen und dehnt seine Produktion daher solange aus, bis sich die beiden entsprechen. Dies ist im Punkt M und bei der Anzahl b_{Mon} Glas Bier der Fall. Schau, hier."

Johanna hat ihre Grafik ergänzt.

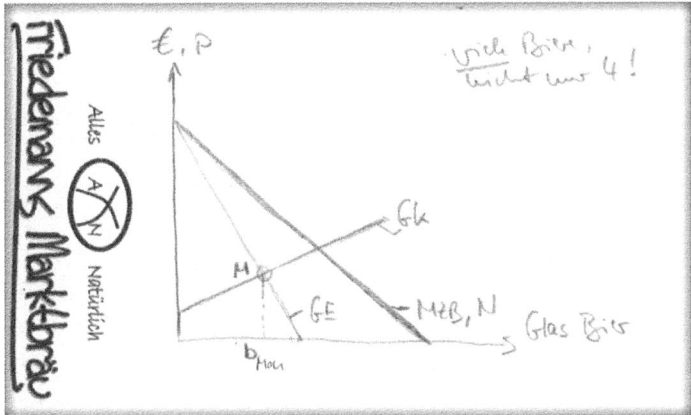

„Der Preis, den er nehmen muss, um die b_{Mon} Glas Bier abzusetzen, ist auf der Nachfragekurve abzulesen: p_{Mon}." Sie trägt auch diesen Punkt noch in die Grafik ein.

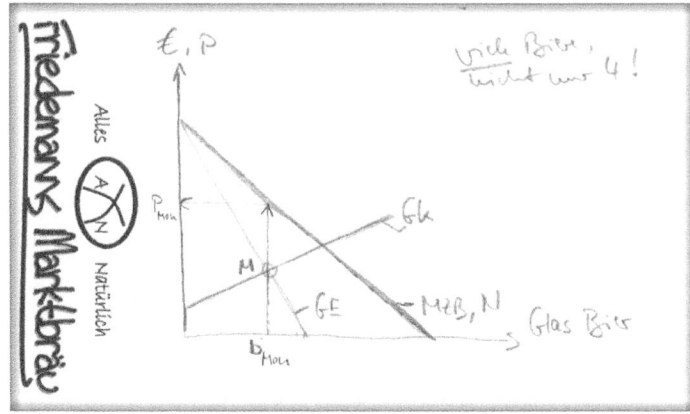

Johanna ist aber mit dem Zeichnen noch immer nicht am Ende. Sie legt den Stift erst gar nicht aus der Hand.

„Und man kann an der Grafik sehen, dass die Wohlfahrt kleiner ist, als sie sein könnte. Hier, die schraffierte Fläche: Das ist der Wohlfahrts-Verlust, der auf das Monopol zurückzuführen ist. Bis die Grenzkosten auf den Eurowert des Bierspaßes, also die MZB gefallen sind, haben wir nämlich noch eine ganze Menge mehr Bierchen als nur b_{Mon}! Ich trag das als Bierchen b* mal ein. Das ist das Äquivalent zum Bierchen Nummer drei in unserem kleinen Beispiel mit den vier Nachfragern. Es sind jetzt halt ein paar Bierchen mehr!"

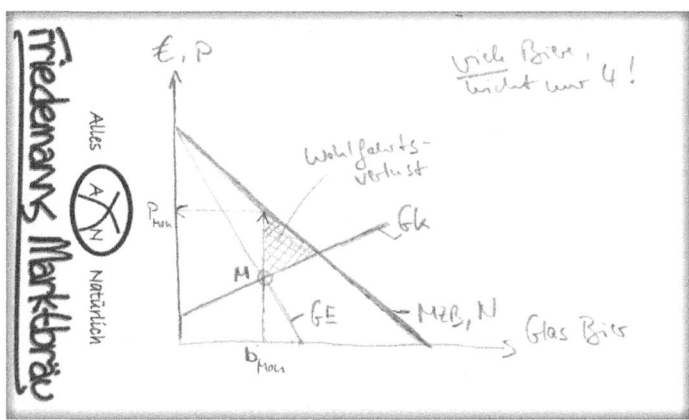

Meinhard versucht eine Zusammenfassung:

„Also das wäre dann der Grund, weshalb die Regierung etwas gegen Monopole unternehmen sollte: Sie verursachen einen Wohlfahrtsverlust, weil sie die Produktionsmenge kleiner machen, als sie eigentlich sein sollte, und dafür einen vergleichsweise hohen Preis festsetzen. Sie bringen damit einige Konsumenten um prinzipiell wünschenswerten Konsum. Prinzipiell wünschenswert deswegen, weil das Konsumgut zu geringeren Kosten hergestellt werden könnte, als es den Konsumenten wert ist."

„So kann man das sagen, ja!" Johanna hat jetzt zwar aufgehört zu zeichnen, der gemütliche Teil des Abends, das sieht Meinhard an Johannas Miene, hat aber noch nicht begonnen. Sie fährt in der Tat auch fort:

„Und das gleiche Problem stellt sich auch, wenn es sich nicht um ein Monopol handelt, sondern um eine andere Marktform, bei der die Unternehmen sich verabreden können, den Wettbewerb untereinander bleiben zu lassen und gemeinsam gegen die Konsumenten vorzugehen. Also generell bei *Marktmacht* von Unternehmen. Die Frage ist nur, ob die Regierung überhaupt in der Lage ist, den Schaden zu begrenzen – und das auch noch zu geringeren Kosten, als der Schaden beträgt. Die Ursache von Marktmacht ist generell, dass ein Unternehmen über eine nicht allgemein zugängliche Ressource[6] verfügt. Das kann alles Mögliche sein, zum Beispiel besonders begabte Mitarbeiter, ein besonders guter Standort oder auch ein besonders guter Ruf bei den Nachfragern. Die besondere Knappheit der Ressource wiederum kann zwei Ursachen haben: Erstens kann es sein, dass die Ressource in der Tat äußerst knapp *ist* und nur wenige Unternehmen darüber verfügen können. Dann kannst du mit Wirtschaftspolitik auch nur wenig ausrichten. Dann kann diese Knappheit aber zweitens auch künstlich geschaffen sein! Zum Beispiel unterliegen gerade Regierungen gerne der Versuchung, Privilegien, die zu Marktmacht führen, zu schaffen. Schließlich bedeutet Marktmacht häufig auch Macht auf anderen Ebenen. Das Unterscheidungskriterium zwischen Fall eins und Fall zwei ist die Frage: Könnten andere Unternehmen auf relativ leichte Weise dem Monopolisten Konkurrenz machen – vielleicht auch dadurch, dass sie ein ganz ähnliches Produkt anbieten, das fast den gleichen Zweck erfüllt? Wenn sie das könnten, aber künstlich daran gehindert werden, dann haben wir Fall zwei. Wenn nicht, dann haben wir Fall eins."

„Eine knifflige Unterscheidung!", urteilt Meinhard.

„Kniffelig genug, dafür gleich ganze Ämter einzurichten – die Kartellämter. Erinnere dich: Wir haben hier Modelle der einfachen Art besprochen. Vieles, was für Marktverhalten in der richtigen Welt von Bedeutung ist, haben wir weg gelassen. Der Vorteil war, dass wir für zwei Marktformen, nämlich den Wettbewerbsmarkt und den Monopolmarkt einige wichtige Dinge herleiten konnten. Kartellbehörden müssen aber Märkte analysieren, die irgendwo zwischen dem Wettbewerbsmarkt und dem Monopolmarkt anzusiedeln sind. Da genügen nicht nur zwei Variable wie Preis und Menge. Man muss auch andere Dinge anschauen."

Meinhard grinst: „Frühstücke, zum Beispiel?"

---

6   Gerne auch *Schlüsselressource* genannt.

„Wenn sich Produzenten zum Frühstückskartell zusammenfinden und gemeinsam Preise verabreden, dann muss man sich auch das anschauen, jawohl. Dummerweise werden Kartellbehörden nicht zum Frühstück mit eingeladen – aber die haben auch andere Methoden, den Nachweis zu führen, dass Konkurrenz ausgeschaltet worden ist."

„Und wenn Friedemann nun seinen Preis doch erhöht – ganz ohne Frühstück?"

„Dann wäre das als missbräuchliche Ausnutzung von Marktmacht auch verboten! Wir könnten gegen ihn vorgehen!", scherzt Johanna.

„Wie beruhigend! Na ja, ich gönne ihm ja das Monopol, solange es nur zeitlich befristet bleibt!", hat sich Meinhard endgültig mit dem Abend versöhnt.

Epilog

Einige Wochen später. Es ist früher Morgen. Friedemann eskortiert mit seinem üblichen Charme die letzten Gäste hinaus und sperrt die Tür zum *Maximahl* hinter ihnen zu. Nun macht er wie jedesmal eine letzte Runde durch sein Lokal und rückt die Tische und Stühle für den Reinigungsdienst zurecht, der in einigen Stunden kommen wird. Als er zum zweiten Tisch rechts vom Eingang kommt, huscht ein Schmunzeln über sein Gesicht.

Seine beiden Stammgäste, die sich meist hier treffen und immer einen Rechnungsblock haben wollen, hatten heute offenbar etwas zu feiern. Jedenfalls konnte er bislang nur wenig von seinen Champagner-Flaschen verkaufen, die er eher spaßeshalber auf seine Karte gesetzt hatte – das war heute nach seiner Erinnerung erst die zweite in der Geschichte des *Maximahls*. Der genaue Grund der Ausgelassenheit war ihm verborgen geblieben, aber es hing wohl mit irgendeiner Prüfung zusammen. Der männliche Teil des Duos hatte gerade kryptisch etwas von einer „Grenznote unterhalb der Durchschnittsnote" erzählt, als er den Champagner im Kühler an den Tisch brachte. Der weibliche Teil hatte auf diese Bemerkung hin herzhaft gelacht.

Irgendwie sind Friedemann diese beiden ein wenig ans Herz gewachsen...

GPSR Compliance

The European Union's (EU) General Product Safety Regulation (GPSR) is a set of rules that requires consumer products to be safe and our obligations to ensure this.

If you have any concerns about our products, you can contact us on ProductSafety@springernature.com

In case Publisher is established outside the EU, the EU authorized representative is:

Springer Nature Customer Service Center GmbH
Europaplatz 3
69115 Heidelberg, Germany

The manufacturer's authorised representative in the EU is Springer
Nature Customer Service Centre GmbH, Europaplatz 3, 69115 Heidelberg,
Germany. If you have any concerns regarding our products, please
contact ProductSafety@springernature.com

Printed and bound by CPI Group (UK) Ltd, Croydon, CR0 4YY

01/05/2026
02101004-0001